KB205355

개혁주의란 무엇인가?

개혁주의란 무엇인가?

초판 1쇄 발행 2020년 1월 8일
초판 2쇄 인쇄 2021년 7월 14일
초판 2쇄 발행 2021년 7월 19일

지은이 이상규
펴낸이 유동휘
펴낸곳 SFC출판부
등록 제104-95-63000
주소 (06593) 서울특별시 서초구 고무래로 10-5 2층 SFC출판부
Tel (02)596-8493
Fax 0505-300-5437
홈페이지 www.sfcbooks.com
이메일 sfcbooks@sfcbooks.com
기획·편집 편집부
디자인편집 최건호
ISBN 979-11-87942-38-2 (03230)
값 11,000원

잘못 만들어진 책은 언제든지 교환해 드립니다.

개혁주의란 무엇인가?

개혁신앙의 역사와 특징

이상규 지음

SFC

목차

우리는 개혁주의에 대해 이야기하기를 좋아하면서도 실제로 개혁주의가 무엇이냐고 물으면, '개혁주의는 칼빈주의며 칼빈주의는 성경주의다'라는 식의 피상적인 답을 하는 수준에 머물러 있다. 저자는 이 책을 통해 개혁주의 신학과 사상의 핵심이 무엇인지를 간결하면서도 심도 있게 펼쳐 보이고 있다. 이 책은 개혁주의를 사랑하는 목회자, 교사, 신학생 등 모든 의식 있는 그리스도인들의 필독서이다.

김성수 총장(전 고신대학교 총장, 현 미국 복음대학교 총장)

이상규 교수님의 책들은 언제나 우리에게 정확한 정보와 많은 도전을 준다. 이번에 쓰신 『개혁주의란 무엇인가?』도 우리를 개혁주의 세계로 안내해 줄 뿐만 아니라, 독자들을 진정한 개혁주의적 삶에로 이끌어 가는 힘을 지니고 있다. 이 책을 통해서 개혁주의를 이해할 뿐 아니라 우리 모두가 진정한 개혁주의자로서 "날마다 순간마다 그의 영광을 위해 살며 그를 높이는 삶"을 살 수 있기를 바란다.

이승구 교수(합신신학대학원대학교 조직신학 교수)

이 책은 사람이 덧입혀 놓았던 온갖 누더기들을 벗겨내고 개혁신앙 본래의 심오함과 장엄함을 볼 수 있게 해 주었다. 이상규 교수의 『개혁주의란 무엇인가?』는 개혁신앙을 가진 이들에게 복된 선물이 아닐 수 없다. 이 책은 '개혁주의란 무엇일까?'라고 궁금증을 가진 이들에게 주는 명쾌한 해답이다. 이제 개혁주의적인 교회와 삶이 이 땅에도 그 본래의 모습을 드러내게 되리라 기대가 된다.

장희종 목사(대구명덕교회 원로목사)

한국교회사 연구에 큰 족적을 남기신 이상규 교수님이 "개혁주의란 무엇인가?"라는 책을 출간하게 된 것을 기쁘게 생각합니다. 한국의 다수 교회를 차지하는 장로교회는 개혁주의 신앙에 기초한 웨스트민스터 신앙고백을 신앙과 삶의 표준으로 삼고 고백하고 있습니다만, 실제로 개혁주의 신앙과 그에 따른 삶이 무엇이고 어떤 특징이 있는지를 정확하게 아는 신자들은 그렇게 많지 않습니다. 이러한 형편에 이 책은 칼빈을 중심으로 한 개혁주의 신학의 성격과 특징이 무엇이고 그 것이 다른 신학 전통과 어떤 차이가 있는지를 정수들을 잘 추려서 분명하게 소개하고 있습니다. 장로교 신자들은 이 책을 통해 개혁주의 신앙의 뿌리와 핵심 내용을 파악하게 되고 아울러 개혁주의 신앙을 살아내는 삶이 무엇인지를 알게 될 것으로 생각합니다. 바른 신학의 토대 위에 자신의 신앙을 세워 나가기 원하는 신자들에게는 이 책은 매우 요긴한 개혁주의 신앙의 가이드가 될 것으로 생각하면서, 이 책을 적극적으로 추천합니다.

신원하 교수(고려신학대학원 원장)

개혁주의는 무엇보다 역사적 개념이다. 16세기 유럽에서 일어난 특수한 인물들과 사건들을 통하여 생겨난 독특한 흐름이기 때문이다. 하지만 개혁주의는 단지 역사 저편에 파묻혀 버린 유물이 아니라 지금도 우리에게 요청되는 '삶의 관점' 인 세계관이자 '삶의 동력'인 대의이다. 이 책은 개혁주의의 이러한 역사적 성격과 운동적 성격을 동시에 제시해 준다. 뿐만 아니라 개혁주의의 가장 핵심적 사상인 하나님 중심·성경 중심·교회 중심 사상, 개혁주의와 떼려야 뗄 수 없는 인물인 존 칼빈, 개혁주의의 가장 큰 유산인 신앙고백서들에 대하여 고상한 필치로 쉬우면서도 깊이 있게 설명하고 있다. 개혁주의와 복음주의, 근본주의, 보수주의, 루터파, 로마 가톨릭, 아르미니우스주의를 비교하여 설명한 부분도 매우 유익하다. 얼마 되지 않은 분량에 이 정도로 좋은 내용을 이토록 압축적으로 담아낼 수 있다는 사실에 크게 감탄하게 된다. 이 책의 독자들은 개혁주의를 개념적으로 아주 명확하게 배울 수 있게 될 것이며, 역사적으로 아주 흥미롭게 접하게 될 것이며, 실천적으로 삶의 여러 영역에서 적용할 수 있게 될 것이다.

우병훈 교수(고신대 신학과 교의학)

서문

　이번에 SFC 출판부를 통해 '개혁주의란 무엇인가'라는 책을 출판하게 된 것을 기쁘게 생각합니다. 원래 이 책은 같은 제목으로 2007년 고신대학교 출판부를 통해 출판한 이래 2017년까지 5쇄 발간된 일이 있습니다. 그동안 고신대학교에서 '개혁주의'라는 교양과목의 교재로 사용되기도 했고 교회 대학부나 청년부 혹은 소그룹의 교양도서로 읽히기도 했습니다만, 용어나 내용 등에 난해한 점도 있어 수정 혹은 개정이 필요하다고 생각해 왔습니다. 그러던 차에 SFC출판부의 호의로 이 책을 일부 수정하거나 개정하여 다시 출판하게 되었습니다. 전체적인 내용이나 구성에서는 큰 변화가 없으나 가능한 범위에서 좀 더 쉽게 기술하였고, 문장도 다듬었고 특히 독자들을 고려하여 해설적 각주를 첨가하고 새롭게 편집하였습니다. 이 일을 위해 기꺼이 수고해 주신 편집부와 이의현 대표님께 깊은 감사를 드립니다. SFC출판부는 저의 책을 자세하게 읽고 검토하고 새로운 옷으로 갈이 입도록 배려해 주셨습니다. 출판부의 수고가 없었다면 이처럼 새로운 모습으로 독자들을 대하지 못했을 것입니다.

우리는 개혁주의 혹은 칼빈주의라는 말을 수없이 듣고 있지만 정작 개혁주의가 무엇인가에 대해서는 잘 알지 못합니다. 이런 점을 감안하여 개혁주의가 무엇이며, 개혁주의자는 무엇을 믿으며, 또 어떻게 사는 자인가를 설명하려는 것이 이 책의 목적입니다.

이 책은 7개 장으로 구성되어 있습니다. 어느 장을 먼저 읽든 상관없지만 논리적 배열을 고려해 볼 때 1장부터 순서대로 읽는 것이 효과적일 것입니다. 1장에서는 개혁주의가 무엇인가를 서론적으로 설명하였습니다. 즉 개혁주의를 역사·신학적으로 정의하고, 개혁주의와 그 별칭인 칼빈주의의 개념, 개혁주의 사상의 근간이 되는 하나님 중심과 하나님의 절대 주권 사상의 의미, 그리고 성경 중심, 교회 중심이라는 말이 의미하는 바가 무엇인가를 설명했습니다. 제2장은 개혁주의가 아닌 다른 신학 체계, 곧 사제주의, 루터주의와의 비교를 통해 개혁주의를 보다 선명하게 제시하고자 노력했습니다. 이어서 개혁주의는 비슷한 범주의 신학 이념인 복음주의, 근본주의, 보수주의와 어떤 유사성과 차이점이 있는가를 설명했습니다. 그리고 한국의 개혁주의자들이 범하기 쉬운 독선적인 분파주의와 연합의 문제를 지적했습니다.

3장과 4장에서는 개혁주의를 역사적으로 설명했습니다. 즉 16세기 종교개혁을 통해 어떻게 개혁교회가 형성되었는가를 설명하고, 특히 칼빈의 생애와 사상, 개혁의 여정을 소개했습니다. 이를 통해 개혁주의 혹은 개혁주의 신앙이 어떤 역사적 환경에서 형성되었는가를 설명했습니다. 5장에서는 개혁주의 교회의 신앙고백 문서에 대해 설명했습니다. 개혁주의 교회가 받아들이는 대표적인 신앙고백서와 신앙고백서 작성의 역사적 배경을 소개하면서 개혁주의자들은 무엇을 믿는가를 설명했습니다.

6장에서는 17세기 네덜란드에서 전개되었던 예정론 논쟁에 주목하면서 칼빈주의 5대 교리의 형성 과정을 소개했습니다. 그리고 7장에서는 개혁주의와 우리들의 삶의 문제, 곧 우리의 역사 현실에서 제기되는 질문인 하나님의 주권과 인간의 자유의지의 관계를 어떻게 이해해야 할 것인가에 대해 주목했습니다. 그리고 개혁주의적인 삶의 문제를 취급했습니다. 개혁주의는 냉랭한 교리나 단순한 이념이 아니라 구체적인 삶이어야 합니다. 그래서 개혁주의적인 삶의 문제를 취급한 것입니다.

이 책은 여러 가지 면에서 부족합니다. 그럼에도 불구하고 기꺼이 이 책의 추천사를 써 주신 존경하는 대구명덕교회 장희종 원로목사님을 비롯하여 김성수 전 고신대학교 총장님, 이승구 합동신학대학원 교수님, 신원하 고려신학대학원 원장님, 그리고 고신대학교 신학과의 우병훈 교수님께 감사를 드립니다. 이 책이 개혁주의 신앙에 관심을 가진 이들에게 사랑받는 책이 되기를 기대하며, 키에르케고르의 기도문으로 저의 기도를 대신합니다.

주여, 무익한 사물에 대해서는
우리에게 흐린 눈을 주시고
당신의 모든 진리 안에서는

우리들에게 온전히 밝은 눈을 주시옵소서.

Herr, gieb uns hloede Augen

fugen Dinge, die nichts,

und Augen voller Klarheit

in alle deine Wahrheit.

2019년 12월 1일
고신대학교

이상규

1장
개혁주의란 무엇인가?

우리가 '개혁주의'라는 말을 쓰고 있지만 이 말의 의미를 간단하게 정의하기란 쉽지 않다. 개혁주의라는 말은 사전적 의미만으로 설명할 수 없는 신학적 의미를 담고 있고, 역사적 배경에서 형성된 용어이자 복음에 대한 이해, 사회와 문화에 대한 태도 등을 포괄하는 신학적 용어이기 때문이다. 개혁주의를 문자 그대로 '개혁을 통해 발전을 꾀하는 주의' 정도로 생각한다면 웃음거리가 되고 말 것이다. 개혁주의는 16세기 종교개혁을 통해 대두된 신학적 용어이기 때문에 교회사 전통에서 헤아려 보는 안목이 필요하다.

1. 개혁주의의 기본 개념

정의

우리가 '개혁주의'라고 말할 때 그 의미를 넓게 보면 16세기 종교개혁자들의 개혁 운동과 신앙을 통칭하는 것으로 볼 수 있다. 이 사상이 개혁주의나 복음주의를 포함한 모든 개신교 신앙의 근간을 이룬다. 그러나 '개혁주의'라는 말의 진정한 의미는 보다 한정적이다.

역사적 의미에서 개혁주의란 츠빙글리Huldrych Zwingli, 1484-1531와 칼빈Jean Calvin, 1509-1564의 개혁신앙Reformed Faith을 루터Martin Luther, 1483-1546의 개혁 운동으로 생성된 '루터주의Lutheranism'와 구

별하기 위하여 붙여진 이름이다.[1] 역사적 맥락에서 볼 때 개혁주의라
는 말은 루터주의와는 다르다는 점을 강조하는 의미가 있다. 츠빙글
리와 칼빈에 의해 시작된 개혁교회Reformed church는 스위스에서 독
일, 네덜란드, 프랑스, 스코틀랜드 등지로 확산되었는데, 이런 개혁교
회의 신앙을 가리켜 개혁주의라고 부른다. 이 신앙 체계가 17세기 이
후에는 미국에, 그리고 19세기 말에 한국에 소개된 것이다.

앞에서 지적한 대로 개혁교회가 지향하는 신앙을 개혁주의라
고 말할 때는 일차적으로 루터파의 신앙과 구별하려는 의미가 있
다. 루터주의나 개혁주의가 다 같이 로마 가톨릭의 사제주의司祭主義,
sacerdotalism를 비판하고 성경적인 교회를 지향하지만 두 신앙을 구
별하는 이유는, 개혁주의가 루터주의보다 더 철저한 개혁을 단행했기
때문이다. 더 철저한 개혁을 단행했다는 말은 로마 가톨릭의 잔재를
배격하는 데 보다 철저했다는 뜻이다.

칼빈의 경우 모든 문제에 대하여 성경에 근거한 철저한 개혁을 시

---

1. 개혁교회가 먼저 뿌리내린 지역의 언어인 영어나 독일어, 혹은 네덜란드어에는 개혁
교회의 사상을 가리키는 '개혁된(영어의 'Reformed', 독일어의 'Reformiert', 네덜란
드어의 'Gereformeerd')이라는 형용사가 있을 뿐 '개혁주의'라는 말은 없다. 그럼에도
불구하고 한국교회에서 '개혁주의'라는 용어가 널리 사용되고 있는 것은 'Reformed'
의 한문 번역인 '改革主義'의 영향으로 보인다. 원래 'Reformed'라는 말은 '개혁교
회(the Reformed Church)', '개혁신앙(the Reformed Faith)' 또는 '개혁신학(the
Reformed Theology)' 등과 같이 특정한 교회의 신앙과 신학을 수식하는 용어로 사용
되었는데, 중국과 일본에서 이를 '개혁주의(改革主義)'라고 번역하였기 때문에 우리도
이 용어를 쓰게 된 것이다.

도함으로써 성경에 근거하지 않는 중세 교회의 전통들, 곧 로마 가톨
릭의 의식과 관행을 말끔히 제거했다. 그러나 루터교회에는 로마 가
톨릭의 잔재들이 여전히 남아 있었다. 이런 점에서 교회사학자인 베
인톤R. Bainton, 1894-1984은 개혁주의를 '반사제주의反司祭主義일 뿐만
아니라 루터주의를 개혁한 것'이라고 말한 바 있다.[2]

개혁주의와 칼빈주의

우리는 개혁주의를 칼빈주의Calvinism라고 부르기도 한다. 지금은
개혁주의와 칼빈주의를 동의어로 사용하고 있지만, 엄밀한 의미에서
는 약간의 차이가 있다. 종교개혁 시대에는 칼빈주의Calvinism라는 말
은 '칼빈의 사상'을 의미하였고, 개혁주의Reformed Faith는 츠빙글리나
칼빈, 그리고 그들의 가르침을 따르는 이들의 사상을 통칭하는 의미에
서 쓰였다. 그러나 종교개혁 이후에는 칼빈만이 아니라 칼빈의 사상을
따르는 모든 사상을 칼빈주의라고 칭하게 되었다. 개혁교회의 역사에
서 비록 츠빙글리가 칼빈보다 한 세대 앞선 인물이었으나, 칼빈이 보
다 선명하게 성경의 가르침을 해설하고 체계화하여 개혁신앙을 구축
하였기 때문에 이 사상 체계를 칼빈주의라고 부르게 된 것이다.

우리는 칼빈주의를 칼빈 개인의 사상이라거나 그의 창작물처럼 생
각하는 경향이 있으나, 사실 칼빈은 이 사상 체계의 한 해설자였을 뿐

---

2. R. Bainton, *The Age of the Reformation* (Van Nostrand Reinhold Company,
   1956), 39. 개혁신학 일반에 대한 더 자세한 논구는 이승구, 『21세기 개혁신학의 방향』
   (SFC, 2005)의 제1장 「개혁신학이란 무엇인가, 개혁신학의 특성들」을 참고할 것.

이다. 따지고 보면 칼빈주의 사상은 1세기 바울의 가르침이자 초대교회의 아우구스티누스Augustinus, 354-430[3]의 가르침이었고, 이를 16세기 개혁자들이 계승한 신학 체계이다. 이런 점에서 찰스 하지Charles Hodge는 '개혁주의'를 '칼빈주의'라고 부르지 말고 '아우구스티누스주의Augustinism'라고 부르자고 제안한 바 있다. 개혁주의 신학이 16세기에 와서 비로소 형성된 어떤 새로운 것이 아니라는 점에서 이런 제안을 한 것이다. 정리하면 개혁주의는 칼빈이나 다른 개혁자들의 창의적 사색에서 얻어진 결론이나 그 견해들의 집합체라기보다는, 초대교회로부터 이어져 오는 성경의 가르침을 가장 바르게 해설한 신학 혹은 신앙 체계라고 할 수 있다.

약간의 뉘앙스의 차이가 있지만 일반적으로 영미권에서는 칼빈주의라는 말을, 유럽대륙 배경에서는 개혁신앙Reformed Faith 혹은 개혁신학Reformed Theology이라는 용어를 선호하는 경향이 있다. 유럽대륙에서 루터파와 구별되는 개혁신앙을 표방하는 교회를 개혁교회 Reformed Church라고 하고, 영국과 미국에서는 장로교회Presbyterian Church라고 부르기도 한다. 장로교회 중에서도 자유주의 신학을 따르는 교회가 있어 개혁주의라고 부를 수 없는 경우가 있고, 반대로 17세

---

3. 로마령 아프리카의 도시인 히포의 주교. 젊은 날에 방탕한 삶에 빠졌고 한때 마니교, 신플라톤주의를 따랐으나 그 한계를 깨닫고 기독교로 회심하였다. 당대 서방교회 최고의 교부(敎父)로 존경받는다. 방황의 경험을 서술한 『고백록(告白錄, Confessiones)』과 첫 역사철학서로 불리는 『신국론(神國論, Civitas Dei)』은 기독교 고전으로 불리고 있다.

기 영국에서의 경우처럼 '칼빈주의적 침례교'도 없지 않았으나, 유럽의 개혁신앙과 신학은 역사적 장로교歷史的 長老敎가 잘 계승해 왔다. 근래에는 칼빈의 이름에서 유래한 칼빈주의라는 말보다는 개혁주의라는 말이 더 적절하다는 견해 때문에 '개혁주의'라는 용어를 선호하는 것으로 보인다.

2. 하나님 중심 사상

개혁주의는 일반적으로 하나님의 절대 주권을 강조하는 '하나님 중심', 성경의 원리를 강조하는 '성경 중심', 교회 중심의 삶을 강조하는 '교회 중심'으로 설명되어 왔다. 우리가 하나님 중심, 성경 중심, 교회 중심이라고 말하는 것은 이 말들이 개혁주의 신앙과 삶의 방식을 간명하게 표현하고 있기 때문이다.

개혁주의의 고유한 원리나 강조점이 있다면, 바로 '하나님 중심 사상'이다. 이 하나님 중심 사상은 개혁주의 사상을 통괄하는 기본 원리라고 할 수 있다. 기본 원리라는 말은 개혁주의자들이 믿는 교리의 기본이라는 의미이지만, 동시에 이것이 개혁주의자들의 삶을 지배하고 동기와 방식을 제공하는 원리라는 의미이기도 하다. 이러한 하나님 중심 사상이란 곧 창조주 하나님을 믿고, 그분의 주권 아래서 살아가며, 그분의 영광을 위해 살아가는 삶의 태도를 가리킨다. 이를 좀 더 설명하면 다음과 같다.

하나님 중심

하나님 중심God-centered이라는 말은 신앙의 출발점, 과정, 결과 등 모든 것이 하나님 중심으로 전개되며 하나님께서 주체가 되신다는 것을 의미한다. 루터교회 신학자 칼 홀Karl Holl은 1909년에 행한 칼빈에 대한 강연에서 "칼빈의 신학 활동의 중요성은 그가 하나님이라는 개념을 신학의 중심에 놓은 데 있다. 칼빈의 모든 개별적 문제들은 하나님 개념에서 절정을 이룬다."라고 적절히 지적한 바 있다.[4]

하나님 중심 사상은 로마서 11장 36절의 "만물이 주에게서 나오고 주로 말미암고 주에게로 돌아감이라. 영광이 그에게 세세에 있으리로다."라는 말씀에 기초하고 있다. 이 말씀에 근거하여 미국 장로교 신학자인 워필드B. B. Warfield, 1851-1921는 개혁주의자들을 '모든 현상의 배후에서 하나님을 보며, 발생하는 모든 사건에서 하나님의 섭리와 그분의 뜻의 성취를 인식하며, 기도하는 태도로 자기 전 생애를 살아가며, 구원 문제에서 자기를 의지하지 않고 오직 하나님의 은혜만을 의지하는 사람들'이라고 말한 바 있다.[5]

---

4. Karl Holl, *Johannes Calvin* (1909), 8. 헨리 미터, 『칼빈주의 기본원리』(신복윤 역, 성광문화사, 1990), 50에서 재인용. 메이슨 프레슬리(Mason W. Pressly)는 "감리교는 죄인의 구원에, 침례교는 중생의 신비에, 루터교는 이신득의(以信得義)에, 모라비안파는 그리스도의 상처에, 희랍정교는 성령의 신비에, 로마 가톨릭은 교회의 보편성에 가장 치중함과 같이 칼빈주의자는 항상 하나님 사상에 치중한다."라고 말한 바 있는데, 이는 칼빈주의자들의 하나님 중심 사상을 강조하는 것이다.
5. B. B. Warfield, *Calvin as a Theologian and Calvinism Today* (Presbyterian Board of Publication, 1909), 23-4.

그러면 하나님 중심 사상이란 구체적으로 무엇을 의미하는가? 이념이나 사상의 의미를 해명할 때 그 이념 혹은 사상이 대두된 역사적 배경을 살펴보면 보다 분명히 알 수 있다. 종교개혁이 일어난 16세기의 상황에서 볼 때 '하나님 중심'이란 곧 '인간이 중심일 수 없다'라는 의미이고, 이 의미는 더 직접적으로는 '교황教皇이 중심이 될 수 없다'는 말이다. 16세기 당시 교황은 절대 권력이었다. 이 점은 지금 가톨릭 교회에서도 변함이 없다. 가톨릭 교리에 따르면 교황은 이 땅에서 '그리스도의 대리자Vicarius Christi'로서 수위권首位權을 지니고 있으며, 전권全權, Plenitudo Potestatis을 행사한다. 교황 이노센트 3세Innocent III, 1198-1216는 마태복음 16장 18절, 요한복음 1장 42절, 20장 23절, 그리고 고린도전서 4장 4절에 근거하여 자신의 위치를 '최고의 통치자이며 교회의 수장primus et summus magister et princeps ecclesiae'이라고 선언했다. 교황이 무소불위의 권력과 최상의 영예를 누렸던 중세교회는 '인간 중심'의 권력 기구였고, 그 절정에 교황이 자리하고 있었다. 이런 상황에서 '하나님 중심'이라는 말은 인간이 중심일 수 없다는 의미이며, 동시에 교황이 중심일 수 없다는 의미였다.

뿐만 아니라 하나님 중심이라는 말에는 본질적으로 창조주 하나님과 피조물 인간을 엄격하게 구별하는 의미가 있다. 창조주이신 하나님과 그분의 피조물인 인간 사이의 바른 관계를 보여 주는 것으로, 하나님께서 역사의 주인이시고 만물을 다스리시고 보존하시고 통치하신다. 따라서 인간이나 다른 어떤 피조물도 하나님의 자리에 앉을 수 없다. 그럼에도 불구하고 피조물 중의 어느 하나를 절대시하거나 숭배하는 것이 곧 우상 숭배인 것이다.

하나님의 절대 주권

개혁주의는 하나님 중심 사상과 함께 하나님의 절대 주권God's absolute sovereignty을 강조한다. 이 두 가지는 분리될 수 없다. 하나님의 절대 주권이란 하나님께서 인간의 역사는 물론 자연계까지 통치하신다는 것을 의미한다. 창조주 하나님께서는 자연과 인간을 창조하셨을 뿐만 아니라 섭리하시고, 관여하시며, 통치하신다. 즉 하나님의 절대 주권을 강조하는 것은 하나님께서 우주 역사의 중심이시라는 고백이다.

이 점 또한 창조주 하나님과 피조물인 우주와 인간 사이의 근본적인 관계를 잘 보여 준다. 우주와 인간, 그리고 자연과 역사 전부가 하나님의 주권 아래 있다는 사상이 바로 하나님의 절대 주권 사상이다. 하나님께서는 입법자시요, 통치자이시며, 인간과 자연, 학문과 삶, 과학과 예술 등 모든 영역에서 절대적 대주재大主宰이시다.

하나님의 절대 주권은 이미 4세기 아우구스티누스가 펠라기우스 Pelagius[6]를 비판하는 과정에서 강조되었고, 16세기의 상황에서 칼빈이 다시 강조하였다. 하나님의 절대 주권 사상은 하나님 외에 주권을 가진 인간 특권층이 있을 수 없음을 의미했다. 16세기 당시 로마 가톨

---

6. 4, 5세기에 걸쳐 활동한 금욕주의적 기독교 사상가로 인간의 원죄를 부인했다. 구원받기 위해서는 하나님의 은혜보다 인간의 노력이 먼저 필요하다고 주장하여 417년에 파문되었다.

릭교회에서 사제司祭라는 신분은 하나님과 평신도 사이의 중보자로서 특권층이었다. 이런 상황에서 하나님의 절대 주권을 강조하는 것은 사제의 중보적 역할을 부인하는 것이었다. 세상에 존재하는 모든 것은 피조물로서 예외 없이 하나님의 주권 아래 있다는 말이다.

개혁주의는 이처럼 '하나님 중심'과 '하나님의 절대 주권'을 강조하는데, 이 두 가지가 개혁주의의 기본 원리라고 할 수 있다. 이런 점에서 개혁주의는 성경이라는 바탕 위에 하나님 중심 사상과 하나님의 절대 주권 사상이라는 두 기둥으로 세워진 건축물로 비유될 수 있을 것이다.

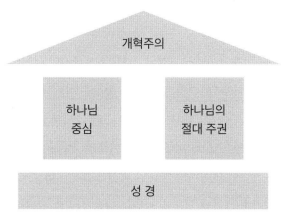

하나님의 영광

개혁주의자들은 그리스도인의 삶이란 하나님의 주권 아래서 사는 삶이라고 믿는다. 그러므로 개혁주의는 현재의 삶과 무관한 공허한 이념이나 관념이 아니라 실제 삶에 대한 신념이다. 그리스도인은 하나님께서 행사하시는 주권에 복종한다. 그래서 그리스도인들은 이 세상 속에서 살면서도conform 이 세상을 변화시키는transform 문화적 소명을 지니고 있고, 신자의 삶의 궁극적 목표는 하나님의 영광을 드러내는 것이다. 이것이 개혁주의적인 삶과 신앙의 목표라고 할 수 있다.

다시 말해 하나님 중심 사상과 하나님의 절대 주권을 강조하는 개혁주의자들은 궁극적으로 하나님의 영광을 위해 사는 사람들이다. 개혁주의 신학과 신앙을 보여 주는 신앙고백서들이 이 점을 강조한다. 1545년에 작성된 '제네바 신앙문답Genevan Catechisme'에서부터 1560년의 '스코틀랜드 신앙고백Scottish Confession of Faith', 그리고 1647년의 '웨스트민스터 대大신앙문답Westminster Larger Catechism'과 '웨스트민스터 소小신앙문답Westminster Shorter Catechism'에 이르기까지 가장 중요한 첫 번째 질문은 "인간의 첫째 되는 목적이 무엇인가?"라는 것이다. 그리고 이에 "인간의 첫째 되는 목적은 하나님을 영화롭게 하고, 영원토록 그분을 즐거워하는 것이다."라고 답하고 있다. '웨스트민스터 대·소신앙문답'을 비롯하여 개혁주의 전통을 따르는 신앙문답서에서는 인간을 인식하되 하나님 중심으로 인식하고 있고, 그분을 예배하고 섬기며 그분께 영광을 돌리는 삶을 신앙의 출발점으로 삼고 있다.

그러므로 인간의 제일가는 목적은 우선 창조주이신 하나님을 아는 것이다. 왜냐하면 하나님께서 인간을 창조하셨고, 우리 안에서 영광을 받으시기 위해 우리를 세상에 두셨기 때문이다. 칼빈이 말했던 것처럼 하나님께서 우리의 삶을 시작하셨으므로 우리 삶을 그분의 영광을 위해 드리는 것이 마땅하다.[7] 이런 점은 1563년에 작성된 '하이델베르크 신앙문답*Heidelberger Katechismus*'에서도 강조되었다. 비록 '하이델베르크 신앙문답'은 앞에서 언급한 다른 개혁주의 교회의 신앙고백서나 신앙문답서와는 달리 인간이 처한 상태에 대한 인식에서부터 출발하지만, 죄와 비참함, 그리스도를 통한 구속을 말한 다음 구원받은 성도의 궁극적인 삶에 대해 가르치는데, 그것은 바로 '하나님을 영화롭게 하는 삶'이라고 말하고 있다.

우리는 어떤 특별한 일, 혹은 특별한 위치에 있는 사람들만이 하나님께 영광을 돌릴 수 있다고 생각하지만, 개혁주의는 모든 사람이 자기가 선 그곳에서 자신의 일상의 삶을 통해 하나님께 영광을 돌리는 삶을 살 수 있다고 가르친다. 독일의 사회학자 막스 베버Max Weber, 1864-1920는 기업가나 노동자들이 사적인 이익을 추구하기보다는 자신이 맡은 일을 통해 하나님의 영광을 추구하는 칼빈주의적인 윤리가 결국 서구 자본주의 발달에도 영향을 미쳤다고 주장한 바 있다.[8] 내 삶의 모든 것은 궁극적으로 나를 위한 것이 아니다. 나의 삶 전체를 하나님께 드려서 하나님께서 기뻐하시는 삶을 사는 것이 하나님의 영광

---

7. 헨리 미터, 52.
8. 프로테스탄티즘과 자본주의에 대해서는 트뢸치(Troeltsch), 쇼아지(Choisy), 좀바르트(Sombart), 브렌타노(Brentano), 레비(Levy), 그리고 막스 베버(Max Weber) 등의 연구가 있는데, 대표적인 학자가 막스 베버였다. 베버는 그의 「프로테스탄트 윤리와 자본주의 정신("Die protestantische Ethik unt der Geist des Kapitalismus")」(1904/5)에서 칼빈주의 윤리는 자본주의 발달에도 영향을 끼쳤다고 주장했다.

을 위한 삶이다.

인간은 모든 것을 통해서 궁극적으로 하나님을 영화롭게 할 수 있다. 모든 것을 하나님의 영광을 위한 도구로 쓴다는 점에서 신자들은 '왕의 직분'을 받았다. 그래서 아우구스티누스는 이렇게 말했다. "이 세상의 모든 것을 수단으로 이용하고, 궁극적인 존재로서 하나님을 즐거워하라."

3. 성경 중심 사상

성경 중심

앞에서 지적했듯이 개혁주의는 루터주의보다 더 철저한 개혁을 단행하여 보다 성경 중심의 교회를 지향했다. 이런 점에서 미국 칼빈신학교 교수였던 클루스터Fred Klooster는 개혁주의의 독특성이란 바로 '성경적 원리'라고 말한 바 있다.[9] 개혁주의는 성경에 기초하여 신관

---

9. 클루스터 교수는 1978년 1월 6일 세계개혁교회연맹(WARC, World Alliance of Reformed Churches) 북미 및 카리비안 지역 신학분과위원회와 1978년 1월 20일 인도네시아에서 개최된 RES신학협의회(Reformed Ecumenical Synod Theological Conference)에 제출한 논문, "The Uniqueness of Reformed Theology(개혁신학의 독특성)"에서 개혁신학이란 바로 '성경적 원리(Scriptural principle)'이며 성경적 원리에 충실한 것이 개혁주의 신학의 독특성이라고 밝힌 바 있다. 그리고 성경적 원리란 '오직 성경(Sola Scriptura)'만이 아니라 '모든 성경(Tota Scriptura)'의 원리를 포함한다고 했다. Fred Klooster, "The Uniqueness of Reformed Theology," *Calvin*

과 우주관, 신앙관, 그리고 하나님과 인간, 인간과 인간 사이의 관계를 규명한다. 개혁주의는 성경을 신앙과 생활의 절대적인 그리고 유일한 근거로 삼기 때문에 성경의 권위를 강조한다. '성경 중심Bible-centered' 이라는 말은 오직 성경만이 신앙과 삶의 유일한 규범이라는 점을 잘 드러낸다.

로마 가톨릭교회는 개혁교회가 '정경正經, Canon'으로 받아들이는 66권의 성경 외에도, 근거가 의심스럽다고 하여 정경으로 받아들일 수 없는 '외경外經, Apocrypha'과 '전통傳統, Traditio'을 신앙과 생활의 표준으로 받아들인다. 이것이 로마 가톨릭에서 이야기하는 '권위의 삼중 기초'이다. '외경'이란 정경 이외의 책이라는 의미인데, 가톨릭이 받아들이는 외경은 토비트서, 유딧서, 에스텔서, 지혜서, 집회서, 다니엘서정경 다니엘서와는 다른 책이다, 마카베오상·하서 등이다. 로마 가톨릭교회는 이 책들을 '제2경전'이라고 부른다.

로마 가톨릭은 외경 외에도 '전통'을 받아들이는데, 이것은 초대교회로부터 전해 내려오는 교리, 가르침, 실천적 관행과 행동 규범, 경신敬神 의식, 종교적 체험 등과 더불어 공의회의 문헌과 교부들의 문집 등을 가리킨다. 다시 말하면 로마 가톨릭에서 말하는 '전통Traditio'이란 일반적 의미의 전통이라는 말이나 역사적 유산을 가리키는 것이 아니다.

로마 가톨릭이 말하는 전통은 세 가지로 정리될 수 있다. 첫째,

Theological Journal, Vol.14, No. 1 (April, 1979), 39.

교황이 발표한 칙령勅令, Apostolicae Constitutiones, 둘째, 교회 회의 Concilium, 공의회의 결정 사항, 셋째, 교회가 관습적으로 지켜 오던 관행들을 통칭한다. 로마 가톨릭교회는 기록된 말씀 외에도 기록되지 않고 입에서 입으로 전해지는 '구전口傳'도 성경과 동일한 권위가 있다고 믿는다. 가톨릭은 이 구전 전통이 그리스도와 사도들이 가르쳤지만 성경에 기록되지 않고 세대를 걸쳐 구두로 전수된 것이라고 주장한다. 그러면서 이 전통이 기록된 말씀보다 우선하다고 보아 기록된 말씀을 해석하는 근거로 삼는다.

16세기에 종교개혁이 일어나자 이에 대응하여 개최된 가톨릭교회 회의인 트리엔트 공의회Concilium Tridentinum, 1546는 하나님의 말씀은 성경과 전통 양자 속에 담겨 있으며, 이 둘은 동등한 권위가 있고, 이 양자에게 동등한 숭배와 존경을 돌려야 한다고 선언하였다. 이 전통을 로마 가톨릭교회는 거룩한 전통, 곧 '성전聖傳'이라고 부른다. 그러면서 '구전으로 내려오는 것으로서 성경의 원천이며, 성경에 기록되지 않는 것을 더욱 확실히 밝혀 주는 것'으로서 전통을 어떤 점에서는 기록된 성경을 해석하는 기초로서 66권의 성경보다 더 중시하기도 한다.

그러나 개혁자들은 이러한 가톨릭의 입장을 배격했다. 종교개혁의 구호이기도 한 '오직 성경Sola Scriptura'은 정경 외의 그 어떤 것도 신앙의 표준일 수 없고 신학의 원천일 수 없다는 점을 의미한다. 루터나 칼빈 등 개혁자들은 자신의 주장이 옳다는 점을 교부 문서나 전통이나 외경에 근거하지 않고 오직 성경에 호소하였다. 66권 성경의 권위만을 인정하고 이 성경만을 신앙과 생활의 규범으로 받아들인 것이다. 이것이 바로 성경 중심 사상이다. 따라서 개혁주의자들은 성경의 신적 권위를 강조하고, 성경의 완전성과 충족성을 강조하기 때문에 '성경은 성경 자신이 해석한다Scriptura scripturam interpretatur'라는 원리를 고수한다.

개혁주의는 66권의 정경만이 계시된 하나님의 말씀이라고 하고 다른 어떤 것을 더하는 것을 반대하는 '오직 성경'과 함께, 정경에서 어떤 것을 빼는 것을 반대하는 '모든 성경Tota Scriptura'을 강조한다.

개혁주의 성경 해석 원리

개혁주의는 성경에 기초하여 신앙과 삶을 규명한다. 다시 말하자면 개혁주의는 성경에 기초하여 신관과 우주관, 신앙관, 그리고 하나님과 인간, 인간과 인간 간의 관계를 규명한다. 개혁자들의 표어였던 '오직 성경Sola Scriptura'이 개혁신앙의 중심이자 개혁주의자들의 신학적 토대였다. 개혁주의자들은 '그 책the Bible'의 사람들이고, 개혁신학은 성경의 교훈을 조직적으로 해설한 것에 불과하다. 이런 점에서 개혁주의는 가장 성경적인 신앙이라고 할 수 있다.

그런데 개혁주의를 성경에 근거한 성경 중심 사상이라고 말할 때, 이것은 어떤 뜻인가? 어떤 신학이나 사상이 성경에 근거했다고 해서 다 개혁주의라고 할 수는 없다. 루터는 로마교회나 교회회의, 교황도 오류를 범할 수 있으나 성경만이 무오하며 신앙과 생활의 기준이 될 수 있으므로, 성경에 근거하여 교회를 개혁해야 한다고 역설하였다.

그러나 우리는 루터를 개혁주의자라고 부르지 않고 '루터파Lutherans'의 창시자라고 부른다. 재침례교도再浸禮敎徒, Anabaptist[10]인 콘라드 그레벨Conrad Grebell이나 펠릭스 만츠Felix Manz가 성경만이 최고의 권위가 있으므로 성경에 따라 교회를 개혁하여야 한다고 주장했지만 우리는 그들을 개혁주의자라고 부르지 않는다.

그러면 개혁주의와 다른 신앙을 구별하는 척도는 무엇인가? 그것이 바로 '신학의 원리'이다. 곧 어떤 신학 원리에 근거하여 성경을 해석하는가에 따라 개혁주의가 될 수도 있고 개혁주의가 아닐 수도 있다. 성경에 근거한 개혁을 말하면서도 개혁교회의 신학 전통을 따르지 않고 자신의 주관에 따라 성경을 해석한다면 주관주의나 신비주의에 빠지게 된다. 그러므로 개혁주의자들은 성경을 해석하는 일에서 개혁신학Reformed Theology 전통에 따라 성경을 해석할 것을 요구한다. 따라서 어떤 사람이 개혁주의자인가 아닌가는 그가 어떤 신학 전통에 따라 성경을 해석하는가에 달려 있다.

개혁주의자들은 그들의 신앙 체계가 보다 성경적임을 증명하고 다른 신학과 구별하기 위하여 그들의 신학을 교리화敎理化 하는 것을 주저하지 않았다. 그리고 로마 가톨릭의 신학이나 루터파, 그리고 재침례파의 신학과 다른 점을 드러내기 위해 신조信條를 작성하였다. 독일의 개혁주의자들은 그들의 신앙과 생활이 루터파와는 다르다는 점을

---

10. 유아세례(침례)를 부정하고 교회와 국가 간의 완전한 분리 등 급진적 분리주의를 추구한다. 유아세례를 받은 사람도 성인이 된 후 다시 세례(침례)를 받아야 한다고 주장했으므로 재세례(침례)파로 불리게 된 것이다.

드러내기 위해 '하이델베르크 신앙문답'을 작성하였고, 화란의 개혁자들은 그들의 신앙이 아르미니우스주의자Arminianist와 다르다는 점을 드러내기 위해 '도르트 신조Dordtse Leerregels, Canon of Dort'를 작성하였다.

그래서 개혁주의자들은 '기독교강요', '하이델베르크 신앙문답', '네덜란드벨기에 신앙고백서', '도르트 신조', 그리고 '웨스트민스터 신앙고백'과 그 '대·소신앙문답'을 개혁주의 전통으로 받아들인다. 개혁주의자들은 이러한 신앙고백들을 성경과 동일시하거나 절대화하지도 않지만, 신조의 중요성을 경시하지도 않는다.

4. 교회 중심 사상

교회 중심

개혁자들에게 가장 중요한 관심사는 하나님의 교회였고, 개혁의 목표는 바른 교회 건설이었다. 이것이 교회 중심Church-centered 사상이다. 신학은 근본적으로 교회를 위한 학문이며, 교회를 섬기는 학문이다. 개혁주의 신학은 이 점을 강조한다. 로마 가톨릭은 하나님의 나라가 지상地上의 눈에 보이는 가견적可見的 교회 또는 유형교회 안에서 실현된다고 하여 가견적 교회와 하나님 나라를 동일시한다. 그러나 칼빈을 비롯한 개혁자들은 오직 선택된 자들로 구성되는 우주적인 교회인 불가견적不可見的 교회 또는 무형교회와, 선택받지 못한 사람도

회원이 될 수 있는 지상의 가견적 교회를 구분했다.

지상의 교회는 완전할 수 없다. 개혁주의자들은 지상교회의 불완전성을 인정하면서도 완전을 향한 추구를 경시하지 않는다. 이것이 교회 갱신 혹은 교회개혁 운동이다. '교회 중심'이라는 말은 그리스도의 초림과 재림 사이에 서 있는 이 교회를 중심으로 신앙과 삶을 추구하며, 교회에 주어진 사명을 완수하려고 힘쓰는 정신을 의미한다.

개혁주의와 교회 연합

우리가 개혁주의를 말할 때는 항상 두 가지 위험에 노출되어 있다. 첫째는 개혁주의를 지나치게 협의로 정의하여 분리주의적 경향을 띠는 것이다. 이것을 위험이라고 말하는 것은 칼빈주의 혹은 개혁주의라는 이름으로 교회 분리를 정당화하는 일이 빈번하기 때문이다. 개혁주의를 지나치게 협의로 정의하여 이를 토대로 다른 개혁교회를 부정하거나 정죄하여 분열하는 것이 한국의 개혁주의자들이 범해 온 오류였다. 개혁주의 혹은 칼빈주의를 말하면서 그것이 교회 분리의 정당성을 담보해 주는 것인 양 분열을 자행해 왔다. 그 결과로 한국의 장로교회는 100여 개가 넘는 교단으로 나뉘어 있다.

이런 경향은 스코틀랜드 장로교회에도 있었다. 18세기 스코틀랜드에서 일어난 새빛파New Lights와 옛빛파Old Lights, 그리고 시민파Burghers와 반시민파Anti-Burghers의 분열은 신앙의 중심 교리가 완전히 일치했음에도 불구하고 지엽적인 문제로 일어난 분열이었다. 특히 18세기 말에 스코틀랜드교회에서 성찬 예식 집전과 관련되어 일어난 분열은 분파주의적 분열의 위험성을 고스란히 보여 준다. 성찬예식에서 떡과 잔을 나누기 전에 성찬 집례자가 떡과 잔을 회중이 보는 앞에서 위로 쳐들어야 한다는 소위 '쳐들기 논쟁Lifters controversy'에서 시작된 이 대립이 교회 분열을 가져오기까지 했다.

칼빈이 적절하게 지적했듯이 교회 분열은 그리스도의 몸을 찢는 범죄 행위이다.[11] 그럼에도 불구하고 쉽게 교회를 분리하고 개혁주의의 이름으로 이를 정당화하기까지 했다. 개혁주의의 중심 교리에 대해 일치하면서도, 필수적인 교리도 아닌 비본질적인 문제를 가지고 자기 파당의 정당성이나 유일성을 주장하기도 한다. 이런 위험이 개혁주의자들 앞에 항상 도사리고 있다.

개혁주의는 극단적 엄격주의가 아니며 분파주의도 아니다. 신학이 동일하다면 교회의 일치와 연합을 위해 노력해야 한다. 신학이 일치하는 경우 연합의 추구는 개혁주의 교회의 전통이다.[12] 동시에 우리는 동일한 믿음과 신학 안에서 다양한 교회가 있을 수 있다는 점을 인정해야 한다. 실제로 16, 17세기 유럽의 개혁주의 교회는 신앙고백서의 다양성을 인정했다. 개혁주의 교회는 서로 다른 신앙고백서를 표준으로 삼고 있다 하더라도, 동일한 신앙과 신학을 표현하고 있다면 교회의 연합을 반대하지 않는다.

19세기 이후 교회 연합이 서구교회에서 중요한 관심사로 대두되었

---

11. *Calvini Opera*, XIV, col., 314.
12. J. 캄파위스, 『개혁 그리스도인과 신앙고백의 특성』(성약, 2005), 35.

다. 이것은 매우 바람직한 일이라고 할 수 있다. 예수님께서 대제사장적 기도요17:21[13]에서 연합을 강조하셨고, 칼빈도 교회 연합을 위해 노력해야 한다고 권면했다. 그러나 연합의 요구가 신학적 경계선을 모호하게 해서는 안 된다. 개혁주의는 신학적 정당성이 없는 분열을 반대하지만, 동시에 신학적 일치가 없는 연합을 지지하지도 않는다.

두 번째로, 개혁주의를 지나치게 광의로 규정하여 개혁주의 신앙 자체를 모호하게 만드는 것도 위험한 일이다. 개혁주의를 단순히 개신교 신학을 의미하는 것으로 해석한다면 루터주의와의 구별이 모호해지고 개혁주의는 복음주의 정도로 간주될 수 있다. 이것을 위험하다고 말하는 것은 신학적 경계선이 와해됨으로써 개혁주의 전통과 신학적 독특성을 상실할 수 있기 때문이다.

개혁주의를 광의로 해석하는 한 사람이 존 리스John Leith인데, 그는 칼빈과 그의 후예들인 윌리엄 에임스William Ames, 1576-1633, 프란시스 투레틴Francis Turretin, 1623-1687, 찰스 하지Charles Hodge, 1797-1878, 윌리엄 브라운William A. Brown, 1865-1943에 이어, 신정통주의新正統主義, Neoorthodoxy[14] 신학자들인 칼 바르트Karl Barth, 1886-1968, 라인홀드 니

---

13. "아버지여, 아버지께서 내 안에, 내가 아버지 안에 있는 것 같이 그들도 다 하나가 되어 우리 안에 있게 하사 세상으로 아버지께서 나를 보내신 것을 믿게 하옵소서"(개역개정)

14. '변증법적 신학' 혹은 '위기신학'이라고도 하는데, 자유주의신학에 대한 반발로 시작되었다. 바르트의 『로마서 주석』(1919) 출간 이후의 신학으로, 진정한 의미의 정통주의가 되지 못했기 때문에 신(新)정통주의라고 불린다.

버Reinhold Niebuhr, 1892-1971와 리처드 니버Richard Niebuhr, 1894-1962까지도 개혁주의 신학자로 간주한다. 존 리스는 개혁주의 신학과 개신교 신학을 같은 의미로 이해하고 있는 것으로 보인다. 그러나 바르트 등 신정통주의로 분류되는 이들까지도 개혁주의자로 간주하는 것은 개혁주의 신학의 경계선을 허무는 결과가 되고, 이럴 경우 구태여 개혁주의를 말할 필요가 없을 것이다.

개혁
개주
주의
의란
라무
무엇
엇인
인가
가?

2장
**개혁주의와
다른 신학 사상들**

앞에서 개혁주의가 무엇인가, 그리고 개혁주의의 기본 원리가 무엇인가를 설명하였다. 여기서는 개혁주의를 설명하기 위해 개혁주의가 아닌 신학들과 비교해 보고자 한다. 개혁주의를 가톨릭의 사제주의, 루터파의 루터주의, 그리고 개혁주의와 비슷한 의미로 사용되는 복음주의 및 근본주의 또는 보수주의와 비교해 보면 개혁주의를 보다 분명하게 이해할 수 있을 것이다.

1. 개혁주의와 사제주의

우리가 개혁교회의 신학을 '개혁주의'라고 말하듯이 로마 가톨릭의 신학사상을 '사제주의司祭主義, Sacerdotalism'라고 말한다. 앞서 간단히 소개했지만, 사제주의란 하나님과 인간 사이의 중보자로서 사제의 역할을 강조하는 로마 가톨릭의 교의 체계를 의미한다. 개신교회가 가르치는 보편적인 가르침에 따르면 구원은 전적으로 하나님께 속해 있고, 구원을 이루시는 이는 오직 하나님뿐이라는 점이 강조된다.

그런데 로마 가톨릭은 하나님께서 구원 사역에서 인간의 영혼에 직접적으로 역사하지 않으시고 세우신 유형교회를 통해 역사하신다고 주장한다. 그리고 심지어 그 일을 인간의 손에 위임했다고 말하는데, 그 인간이 바로 교황, 주교, 신부 등 사제司祭들이다. 가톨릭에서 사제는 하나님과 인간 사이의 중보자로서 특별한 위치에 있다. 다시 말하면 하나님께서는 인간의 구원을 위해 교회를 통해 일하시는데,

이를 위하여 성례 제도와 함께 교회 안에 성직聖職인 사제를 두셨다고 믿는다. 그래서 워필드B. B. Warfield는 복음주의와 사제주의의 경계선이란 우리를 구원하시는 이가 하나님이신가 아니면 하나님의 이름으로 행하는 사제인가의 차이라고 말한 바 있다.[1]

사제의 신분

그렇다면 사제란 어떤 신분인가? 로마 가톨릭은 사제가 독특한 신적 지식을 소유한 자로서 하나님께 대하여는 신자의 영혼을 책임지고 신자에 대하여는 하나님의 권위를 대신한다고 주장한다. 즉 사제는 구약의 제사장과 같고 성례를 통해 하나님과 인간 사이의 중보자 역할을 감당한다고 말한다. 그래서 사제를 하나님보다는 아래이지만 평신도인 다른 인간들보다는 높은 특별한 위치에 있다고 여긴다. 로마 가톨릭 사제는 '금욕을 생활화하는 자'라고 하여 평신도와 엄격히 구분된다. 금욕을 생활화한다는 말은 독신 생활을 의미하는데, 이 점에서 사제는 평신도와 근본적으로 다른 특별한 존재로 간주된다. 로마 가톨릭 사제의 신분을 개혁주의와 비교해 보면 다음과 같다.

---

1. 벤자민 B. 워필드, 『구원의 계획』(모수환 역, 크리스챤다이제스트, 1991), 60.

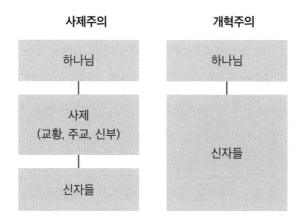

사제주의	개혁주의
하나님	하나님
사제 (교황, 주교, 신부)	신자들
신자들	

로마 가톨릭은 사제에게 세 가지 권한이 있다고 보고 있다. 첫째, 하나님과 인간 사이의 중보자로서의 역할을 수행하며, 둘째, 희생 제 사를 드리는 권한, 곧 축성권祝聖權[2]이 있고, 셋째, 죄를 용서해 줄 수 있는 권한, 곧 사죄권赦罪權이 있다고 주장한다. 이런 점만 보더라도 가톨릭 사제는 하나님과 인간 사이의 중보자라는 특수한 신분임을 알 수 있다.

사제주의의 개혁

이런 사제주의를 개혁한 것이 종교개혁이며, 이것이 개혁교회 혹 은 개신교회의 가르침이기도 하다. 하나님과 인간 사이에 예수 그리

---

2. 가톨릭은 성찬 시 사제의 축성으로 빵과 포도주가 외형은 그대로이지만 실제로는 예 수님의 살과 피(성체와 성혈)로 변한다고 믿는다. 이로써 가톨릭의 성찬은 실제 희생 제사가 되는데, 이 제사가 가톨릭 미사(Missa)의 핵심이다.

스도 외에 다른 중보자가 있을 수 없다는 점에서는 루터주의나 칼빈주의나, 심지어 아르미니우스주의도 동일하다. 개혁주의는 모든 사람이 그가 성직자이든 평신도이든 동일하게 하나님의 절대 주권 아래 있다는 점을 강조한다. 성직자들을 평신도들보다 우월한 특권층으로 여기거나 성직자와 평신도를 신분상으로 구분하는 것은 로마 가톨릭의 것이다.

로마 가톨릭은 7성례를 동반한 사제주의로 교권敎權 체제를 유지해 왔다. 그러나 개혁자들은 이것을 부인하고 하나님과 사람 사이의 중보자는 오직 예수 그리스도뿐이며 마리아도, 성자도, 사제도 중보자일 수 없다는 점을 주장해 왔다. 이것이 바로 '만인사제직萬人司祭職, Priesthood of believers'의 발견이다. 특별한 위치에 있는 사제를 본래의 위치로 환원한 것이다.

정리하면, 개혁주의는 일차적으로 사제주의를 개혁한 것이라고 할 수 있다. 개혁주의는 하나님과 신자 사이의 중보자 위치에 있던 사제의 위치를 본래의 위치로 환원한 것이다. 개혁주의는 하나님과 우리 사이의 중보는 예수 그리스도뿐이시며 인간 특권층이 있을 수 없다고 믿고 있다.

2. 개혁주의와 루터주의

앞서 말한 바와 같이 개혁파나 루터파나 다 같이 사제주의를 반대

하고 성경에 기초하여 교회를 개혁하고자 한 점은 동일하지만, 개혁
파는 루터파보다 더 철저한 개혁을 시도하였다. 루터파와 개혁파 간
의 차이를 칭의론稱義論과 예정론豫定論의 차이로 말하는 것은 옳지 않
다. '이신득의以信得義' 또는 '이신칭의以信稱義'와 같은 칭의론을 루터
파의 특징으로 볼 수는 없기 때문이다. '오직 믿음Sola Fide'으로 말미
암는 구원은 루터파의 고유한 사상이 아니라 모든 개혁자들의 공통적
인 가르침이었다.

   어떤 사람들은 예정론을 개혁주의 또는 칼빈주의의 중심 사상이라
고 말하기도 하지만 이 예정 교리를 칼빈주의의 핵심 교리라고 할 수
는 없다.[3] 예정론은 하나님의 절대 주권 사상에서 도출된 논리적인 귀
결일 뿐이다. 츠빙글리와 칼빈과 부써M. Bucer 외에도 루터나 루터파
인 멜란히톤Philip Melanchton도 개혁파 못지않게 예정 교리를 주장했
다는 점에서 예정론을 개혁주의 사상의 특징으로 볼 수는 없다.

   존 브랫John H. Bratt의 설명과 같이 칼빈이 예정론 교리에 특별한

---

3. 예정론이 칼빈의 중심 교리라는 주장은 1844년 알렉산더 슈바이처(Alexander
   Schweitzer)와 1848년 프레드리히 바우어(F. C. Baur)가 주장한 이래 광범위한 지지
   를 받아왔으나 이 점에 대해서는 이견이 상존한다. 리츨(A. Ritschl)은 예정론이 칼
   빈의 중심 사상이라고 보지 않았던 19세기의 대표적인 인물이었다. 반면에 두메르그
   (Doumergue)는 세 가지 교의, 곧 섭리, 의지의 속박, 예정론이 개혁주의 신학의 특징
   이라고 주장한다. 예정론에 대한 상반된 견해에 대한 자세한 논의는 Francois Wendel,
   Calvin: The Origin and Development of His Religious Thought (Harper & Row,
   1963), 255-84를 참고할 것. 독일의 개신교 신학자 니젤(Wilhelm Niesel)도 예정론은
   칼빈의 핵심 교리로 볼 수 없다고 지적했다. 빌헬름 니젤, 『칼빈의 신학』(이종성 역, 대
   한기독교서회, 1979), 159.

중요성을 두고 강조한 것은 아니었다.[4] 칼빈은 그의 설교에서 이 교리에 대해 거의 언급하지 않았고, 자신의 '기독교강요' 초판본에서도 예정 교리에 대해 특별한 관심을 표명하지 않았다. 이 교리에 대해 언급한 것은 그의 생애 말기에 이르러서였는데, 특별히 1551년 볼섹Jerome Bolsec과의 논쟁에서 파생된 결과였다. 예수회의 창시자인 가톨릭 신학자 이그나티우스 로욜라Ignatius Loyola도 예정에 대해 말한 바 있으므로[5] 예정론을 칼빈 신학의 중심 교리라고 말할 수 없다. 사실 칼빈보다는 멜란히톤이 예정론을 더 체계적으로 진술했다고 할 수 있다.

이처럼 칭의론이 루터파만의 중심 교리일 수 없듯이, 예정론이 개혁파만의 중심 교리라고 볼 수도 없다. 이런 점에서 칭의론 혹은 예정론을 루터파와 개혁파를 구별하는 기준으로 볼 수 없다. 그러면 루터파와 개혁파 사이의 차이는 무엇인가? 다음의 몇 가지로 설명할 수 있을 것이다.

신학의 출발점

죄에 대한 고민과 갈등으로부터 시작된 루터 신학의 출발점은 "어떻게 의롭게 될 것인가?" 하는 칭의론稱議論에 기초하고 있다. 그래서 루터파 신학은 '그리스도 중심의 신학'으로 전개되었다. 반면에 루터보다 한 세대 후배였던 칼빈을 중심으로 전개된 개혁교회는 하나님의

---

4. John H. Bratt, *The Rise and Development of Calvinism* (Eerdmans, 1959), 27.
5. Bratt, 28.

주권, 하나님의 영광을 위한 거룩한 삶을 강조했다. 즉 개혁교회는 칭의 이후의 문제인 성화론聖化論을 강조했고, 개혁신학은 하나님의 주권을 강조하는 '하나님 중심의 신학'으로 전개된다.

성경과 전통

66권의 정경 외에도 '전통Traditio'과 '외경Apocrypha'을 신앙과 생활의 표준으로 받아들이며 이를 '권위의 삼중 기초'라고 부르는 로마 가톨릭을 비판하고 반대한 점은 루터나 칼빈이나 다른 개혁자들이 동일했다. 개혁자들은 오직 66권의 정경만이 유일한 신학의 원천이며 신앙과 생활의 표준이라고 주장했다. 그런데 로마 가톨릭이 말하는 '전통'에 대해 루터와 칼빈은 의견을 달리했다. 이 견해차를 아는 것이 루터주의와 칼빈주의의 차이를 이해하는 데 중요하다. 한마디로 말하면 로마 가톨릭의 '전통'을 폐기하는 데 있어서 루터는 칼빈만큼 철저하지 못했다.

루터는 "성경이 금하지 않는 한 전통은 구속력이 있다"라고 하여 전통을 제한적으로나마 수용하는 입장을 보였으나, 칼빈은 "성경이 명하지 않는 한 전통은 구속력이 없다"라고 하여 전통에 대해 보다 부정적이었다.[6] 말하자면 칼빈은 루터보다 더 철저히 전통을 배격함으로써 성경만을 신앙과 삶의 유일한 권위로 받아들였고 결과적으로 중세 교회의 잔재를 말끔히 씻어 낼 수 있었다. 그러나 루터는 성경이 명

---

6. 참고, Bratt, 29.

백하게 금하지 않는 한 전통도 구속력이 있다고 보았기 때문에 루터파는 로마 가톨릭의 잔재를 제거하지 못한 것이다. 이런 점에서 개혁파가 루터파보다 더 철저히 개혁을 단행했다고 할 수 있다.

예배와 의식

전통의 폐기와도 관련되지만 예배와 의식儀式에 관해서도 개혁파는 루터파보다 더 철저히 '성경 중심'이었다. 보름스 제국의회1521에서 이단으로 정죄된 루터는 신변의 위험 때문에 바르트부르크Wartburg성城에 11개월간 은거해 있었다. 그가 없는 동안 비텐베르크Wittenberg에서는 개혁 운동이 과격해지면서 사회적 혼란이 가중되고 있었다. 성당의 제단을 부수고 성상을 파괴하고 신부들을 끌어내리는 일들이 일어났기 때문이었다. 이 소식을 접한 루터는 신변의 위험에도 불구하고 비텐베르크로 돌아오게 된다. 이때가 1522년 3월이었다.

비텐베르크로 돌아온 루터는 우선 질서를 회복하는 일이 중요하다고 판단했다. 루터를 공격하는 이들이 루터를 가리켜 "분쟁과 전쟁, 그리고 반란의 원인이 될 것"이라 예고한 일이 있었는데, 루터는 그것이 비텐베르크에서 나타나고 있다고 보았다.[7] 그래서 그는 교회개혁에서 무엇이 본질적인 것이고 무엇이 비본질적인가를 설명할 필요를 느끼고 8편의 연속 설교를 했는데, 이 설교에서 '디아포라diaphora'와 '아디아포라adiaphora'의 문제를 제기하였다.

---

7. R. Bainton, *Here I Stand* (Avingdon, 1996), 제12장 참고.

‘디아포라’는 규정적인 것 혹은 본질적인 것, 혹은 선이나 악으로 구분될 수 있는 것을 의미한다면, 디아포라의 부정형인 ‘아디아포라’는 비규정적인 것, 혹은 비본질적인 것이나 선이나 악으로 구분될 수 없는 것들을 의미한다. 디아포라는 그 자체로per se 명령된 것 혹은 금지된 것으로서 반드시 해야 하거나신5:1의 “행하라” 하지 말아야 하는신5:7의 “말지니라” 것을 의미하지만, 아디아포라는 명령받거나 금지되지 않은 임의의 영역을 의미한다. 따라서 해도 되고 하지 않아도 되는 그런 것, 다시 말하면 받아들여도 되고 받아들이지 않아도 되는 것이 아디아포라이다.

루터는 이 연속 설교에서 복음, 율법, 이신득의 등을 포함한 종교 개혁 신앙의 요리要理들을 제외한 교회당의 종, 촛불, 예배 의식, 성상, 성직자의 예복 등은 아디아포라의 문제로 간주하였다. 이런 점들을 아디아포라의 문제로 간주했다는 말은 비록 로마 가톨릭교회에서 시행되어 오던 관행이나 예배 의식이라 할지라도 받아들일 수 있다는 의미였다. 이때로부터 26년이 지난 1548년의 라이프치히협약에서 루터파의 멜란히톤도 로마 가톨릭의 견진성사, 종부성사와 많은 예배 의식을 아디아포라의 문제로 해석한 바 있다. 이 때문에 루터교회 안에는 로마 가톨릭의 예배 의식이나 관행들이 남아 있게 되었고, 지금도 루터교의 성직자 복장이나 예배 의식에서 이러한 로마 가톨릭의 흔적을 볼 수 있다.

그러나 칼빈은 이런 점들을 아디아포라의 문제로 보지 않고 모든 전통을 성경에 근거하여 평가하고, 필요하다면 비판하고 제거함으로써 개혁교회가 루터파보다 철저한 개혁을 단행할 수 있게 된 것이다. 개혁주의가 루터주의보다 더 철저한 성경적 개혁을 단행했음을 알 수 있다.

교회-국가관

이 외에도 개혁파는 루터파와 여러 다른 점이 있다. 루터는 교회 안에 본질적으로 한 직분, 곧 말씀 봉사자의 직분만 있다고 생각했으나, 칼빈은 네 종류의 직분, 곧 목사, 교사, 장로, 집사직이 있다고 보았다. 특히 루터파와 개혁파 간에 차이를 보이는 또 한 부분은 교회와 국가의 관계에 대한 입장이다. 16세기 당시 루터교는 국가교회國家敎會, state-church[8] 성격이 있어서 교회에 대한 국가의 간섭을 완전히 배제하지 못했다. 그러나 칼빈은 교회의 독립성을 강조하였고 이를 제도화하였는데, 이것으로 교회를 국가 혹은 사회 공동체로부터 분리시키고 교회의 독립성을 유지할 수 있었다.

루터의 '두 왕국설Zwei Reiche Lehre'은 루터의 국가와 교회관, 그리고 하나님의 주권에 대한 견해를 보여 주는데, 이 주장은 1523년에 발표된 『세속 권위에 관하여Von Weltlicher Obrigkeit』라는 작품에 나타나 있다. 루터는 "가이사의 것은 가이사에게 하나님의 것은 하나님에게"라는 말씀마22:21에 근거하여 정치와 종교, 혹은 세상 왕국과 하나님의 나라를 구분하였다. 그리고 세속 권위에게 복종할 의무롬13:1, 벧전1:13

---

8. 국왕이 교회의 수장이거나 국가의 통제하에 있는 교회.

와 하나님의 말씀에 복종할 의무행5:29를 구분하였다. 이와 같은 루터의 사상은 중세교회 상황에 대한 반성의 결과였다. 즉 중세시대에 교황이 세속 권력까지 장악하고 군림하였던 폐단을 보았기 때문이었다.

루터에 따르면 그리스도인은 두 왕국에 동시에 속해 있으므로, 따라서 세속 권위에도 복종해야 하고 그리스도의 권위에도 복종해야 한다. 루터는 국가, 곧 세속 왕국을 '하나님의 왼손 왕국das Reich mit der linken Hand'이라고 하였는데, 이 왼손 왕국을 하나님의 정의로운 뜻을 실현하는 도구로 이해하였다. 교회는 '하나님의 오른손 왕국das Reich mit der rechten Hand'으로서 하나님의 말씀으로 통치되어 사랑과 용서를 실현하는 왕국으로 보았다. 그런데 루터는 세속 왕국이 비록 세속 일을 주관한다 할지라도 궁극적으로 하나님의 뜻을 이루어 간다고 보았으므로 교회도 세속 권력에 복종해야 한다고 보았다. 다시 말하면 루터의 두 왕국설은 교회가 국가에 종속되는 것을 정당화했다고 할 수 있다. 루터는 국가 권력의 한계를 인정하는 데 소극적이었다. 그래서 그의 사상에서는 권력의 부당한 행사에 대한 저항, 곧 저항권抵抗權 사상이 미약했다.

칼빈도 루터처럼 교회와 국가의 구분을 말했지만 루터처럼 결과적으로 군주제와 독재정치를 허용하는 '두 왕국설'을 말하지는 않았다. 그보다 칼빈은 '신정정치Theocracy', 곧 하나님의 직접적인 통치를 강조했다. 칼빈은 세속 권위를 하나님께서 주신 것으로 보면서도 국가가 교회를 지배해서는 안 된다고 보았고, 교회의 권위는 세속 권위로부터 독립해야 한다고 했다. 또 중세처럼 교회의 권위가 국가의 권위보다 우위에서 군림해서도 안 된다고 보았다.

앞서 살펴본 것처럼 칼빈은 하나님의 주권을 루터보다 더 철저히 강조하여 그 어느 것도 하나님의 주권으로부터 자유로울 수 없다고 보았다. 그래서 칼빈은 루터처럼 국가와 교회를 이원론적으로 구분하지 않고 하나님의 직접적인 통치 아래 나란히 두고자 했다. 이러한 관점에서 칼빈은 국가 권력이 본래 하나님께 받은 사명에서 이탈하여 부당하게 행사되는 경우에 대해서는 저항할 수 있다는 저항권 사상을 보여 주었다.

성찬관

성찬에 대한 시각의 차이는 루터파와 개혁파 간의 신학적 경계선이 되기도 한다. 루터의 사상은 '그리스도 중심'의 신학이라고 할 수 있고, 이 점은 그의 성찬관에서 분명하게 나타난다. 루터의 성찬관은 그리스도의 편재설偏在說[9]에 기초하여 성찬의 떡과 잔에 그리스도께서 육체적으로 함께 계신다는 소위 공재설共在說 또는 共體說, Consubstantiation의 입장을 취했다.

루터도 로마 가톨릭의 화체설化體說, Transubstantiation[10]은 비성경적인 것으로 비판했으나, "이것은 내 몸이니라"라고 하신 주님의 말씀 마26:26, 막14:22을 문자적으로 이해하여 성찬의 떡과 잔은 어떤 형태로

---

9. 그리스도께서 이 세상 어느 곳에나 계신다는 주장.
10. 성찬의 떡과 포도주가 사제의 축성으로 외형은 그대로지만 예수님의 실제 몸, 곧 살과 피로 변한다는 주장.

든지 그리스도의 몸과 관련이 되어야 한다고 보았다. 그래서 예수님께서 육체적으로 성찬의 떡과 잔에 임재하신다고 주장했다. 편재설에 근거하여 그리스도께서는 하늘 보좌 우편에도, 지상 교회의 성찬의 떡에도 동시에 계실 수 있다고 보았던 것이다.

츠빙글리도 루터와 마찬가지로 로마 가톨릭의 화체설을 반대하였으나, 공재설과는 달리 상징설象徵說을 주장했다. 예수님께서는 제자들에게 떡을 떼어 주시면서 "이것은 내 몸이니라"라고 하셨는데, 이 성찬은 예수님께서 십자가에 달리시기 전의 일이므로 이 말씀은 곧 일어날 그분의 죽음을 상징하는 것이라고 해석한 것이다. 츠빙글리의 성찬론은 "나를 기념하라"라는 말씀을 따라 그리스도의 죽음을 '기념'하는 것이라고 하여 기념설記念說이라고도 한다.

성만찬에 관한 이러한 견해차 때문에 루터와 츠빙글리가 결별하였고, 루터는 루터파로, 츠빙글리는 후일 칼빈의 개혁 운동과 연합하여 개혁파를 형성하게 되었다. 그래서 종교개혁의 결과로 루터교회와 개혁교회라는 양대 복음주의 교회를 형성하게 된 것이다. 이러한 루터파 신학과의 차이를 드러내기 위해 독일 개혁파들이 만든 문서가 '하이델베르크 신앙문답'이었다. 이 문서는 양 신학 사상 간의 차이를 보여 주는 중요한 문서이다.

3. 개혁주의와 복음주의, 근본주의, 보수주의

우리나라에서는 많은 사람들이 '개혁주의'를 '복음주의', '근본주의', 혹은 '보수주의'라는 용어와 혼동하거나 혼용하고 있다. 이런 현실에서 개혁주의가 근본주의나 보수주의 혹은 복음주의와 어떻게 다른가를 이해할 필요가 있다.

'복음주의Evangelicalism'란 그 이름처럼 복음을 뜻하는 헬라어 '유앙겔리온εὐαγγέλιον'이라는 말에 어원을 두고 있다. 복음주의는 이미 16세기 개혁자들에 의해 주창되었고, 18세기 영국과 미국에서 일어난 부흥운동을 통해 구체적으로 생성되었다. 특히 20세기 후반인 1952년에 조직된 세계복음주의협의회와 1974년의 로잔 세계 복음화위원회에 의해 보다 명료하게 정리되었다. 복음주의는 역사적인 기독교 신앙과 가르침을 중시하면서 전도와 신자의 사회적 책임을 동시에 강조하는 신앙 체계를 의미한다.

독일과 미국에서 수학하고 유럽 전통과 미국의 현실을 자신의 신학 속에서 적절히 소화했던 필립 샤프Philip Schaff는 복음주의자Evangelicals를 다음과 같이 정의한 바 있다.

객관적으로는 성경의 권위를 평가절하시키는 성경비평가들과는 달리 성경의 권위를 인정하고, 주관적으로는 로마 가톨릭의 신학과 선행의 점진적인 교리를 반대하고 믿음으로 말미암는 칭의를 받아들이며, 사회적으로는 사제를 중보자로 생각하는 로

마 가톨릭의 고해성사를 반대하고 만인사제직의 원리를 받아들이는 자들이다.[11]

샤프가 정의하는 복음주의란 종교개혁의 전통을 계승하면서도 19세기 자유주의 신학과 성경비평주의를 반대하는 신학으로 요약할 수 있는데, 그의 정의는 19세기의 상황에서 표명된 것으로서 자유주의 신학과의 분명한 차이를 지적하려는 성격이 강하다. 그런데 복음주의는 18세기 영국과 미국에서 일어난 영적 각성 운동을 통해 보다 분명하게 규정되었고[12] 20세기 후반에 와서 보다 선명하게 드러난 사상이다. 그러므로 이 점을 고려해 볼 때는 조지 말스덴George Marsden의 정의가 보다 적절하다. 말스덴은 복음주의가 근본주의나 개혁주의, 혹은 보수주의 등 모든 정통주의를 포용하지만 근본주의 운동에서 결여되었던 사회적 의식과 책임을 중시한다고 설명한다.[13] 개인 구원과 기본 교리를 받아들이면서도 사회적 책임을 포기하지 않는 입장이라는 것이다.

따라서 복음주의는 기독교의 근본 교리를 무시하거나 배제하지 않는다는 점에서 자유주의가 아닌 근본주의, 보수주의, 그리고 개혁주의를 포괄하는 개념이지만, 개인 구원이라는 복음의 본질을 고수하면

---

11. Philip Schaff, *Creeds of Christendom*, Vol.III, (Harper and Brothers, 1877), 206-7.
12. George Marsden, *Fundamentalism and American Culture: The Shaping of the Twentieth- Century Evangelicalism 1870-1925* (Oxford Univ. Press, 1980), 43ff.
13. George Marsden, 17. 박용규, 『복음주의 운동』(두란노, 1998), 44.

서도 문화에 대한 책임을 경시하지 않고, 진리의 분별과 파수를 강조하면서도 분리주의를 지향하지 않는 입장이라고 할 수 있다. 이런 입장을 대표하는 학자가 미국의 해럴드 린셀Harold Lindsell, 칼 헨리Carl Henry, 독일의 피터 바이엘하우스Peter Beyerhaus, 한국의 김의환, 김명혁, 정진경 등이다.

근본주의根本主義, Fundamentalism는 20세기 초 미국교회 배경에서 생성된 반反진보적인 신학 입장을 의미한다. 미국에서 자유주의자Liberals 혹은 현대주의자Modernist들이 성경 고등비평高等批評, Higher Criticism[14]을 받아들이고 기독교를 현대 과학에 부응하는 종교로 재해석하려고 했을 때, 이런 움직임에 반대하여 근본주의 운동이 일어났다. 현대주의라는 공동의 적을 대항하기 위해 장로교와 칼빈주의자들, 아르미니우스주의자들, 침례교, 그리고 세대주의자들이 연합하였고, 이들에 의해 제기된 신학 운동을 근본주의 운동이라고 말한다.

그래서 근본주의자들은 성경의 완전영감설完全靈感說, Plenary Inspiration Theory[15]과 무오설無誤說, Inerrancy[16]을 강조하고 기독교 정통주의 입장을 강하게 주장했다. 그런데 근본주의자들은 현대주의에 대항하여 기독교의 근본 교리만을 강조한 나머지 사회 현실에 대한 문

---

14. 성경비평은 '고등비평'과 '하등비평'의 두 가지 형태가 있다. 그중 고등비평은 성경 본문(Text)의 진정성, 곧 본문 기록 시기나 기록자 등을 검토하는 비평학이다. 기독교 전통의 성경관을 배격하고 현대의 실증주의적 역사 연구 방법을 따른다.
15. 66권의 성경 전체가 하나님의 영감으로 기록되었다는 주장.
16. 성경은 축자적으로 영감된 책으로서 성경의 가르침에 전혀 오류가 없다는 주장.

화적 소명에 무관심하여 반문화적 혹은 반지성적인 입장을 띠게 되었다. 또한 현대주의에 대한 지나친 반대 때문에 배타성과 분파성을 노출하였다.[17]

개혁주의는 자유주의와는 달리 전통적 기독교 신앙을 중시하고, 근본주의의 분리주의적이거나 반문화적 입장을 취하지 않고 복음전도와 함께 문화적 사명을 강조한다. 개혁주의는 세상을 다스리시는 하나님의 주권과 선택을 강조하며, 세상에서 하나님의 영광을 드러내는 것을 신자의 삶의 목표로 여긴다. 때문에 삶의 전 영역에서 그리스도의 주권을 강조하는 문화변혁주의의 성격을 띤다.

복음주의는 개인적 신앙 체험을 강조하는 개인주의적이고 감성주의적인 성향이 있고, 교회의 전통에 무관심하여 개인주의에 빠질 위험이 있어 결국 교회관의 약화를 가져온다는 비판을 받는다. 반면에 개혁주의는 교회의 신앙 전통을 중시한다. 복음주의는 자유주의를 반대하는 정통 교회들을 통괄하는 신학으로서 교파의 역사적 배경이나 그 신학 특성을 중시하지 않는 반면, 개혁주의는 개혁교회 혹은 장로교회의 전통을 중시한다.

보수주의 또는 보수신앙이라는 말이 한국교회에서 널리 사용되고

---

17. George Marsden이 지적했듯이, 근본주의자들은 기독교의 근본 진리를 파수하려는 의지는 강했으나 대체적으로 세대주의적 전천년설(예수님 재림 후에야 비로소 하나님의 통치가 천 년 동안 실현된다는 주장)의 지지자들이었으므로 염세적이고 탈역사적 성향이 강해 세상과 문화에 대해 분리주의적이었다. George Marsden,ed., *Evangelicalism and Modern America* (Eerdmans, 1984), 4, 7.

있으나, '보수주의'라는 용어는 엄밀하게 신학적 개념으로 한정할 수는 없다. 단지 신학적으로 자유주의에 반발하여 정통 교리를 고수한다는 점에서 근본주의나 복음주의, 개혁주의도 보수주의라고 말할 수 있을 뿐이다.

앞서 지적했듯이 개혁주의를 지나치게 협의로 이해할 경우 분리주의 형태를 띠게 되고, 반대로 지나치게 광의로 해석할 경우 복음주의나 근본주의와의 구별이 모호해진다. 미국 정통장로교Orthodox Presbyterian Church, OPC 선교사였던 간하배Harvie M. Conn 교수는 한국에서는 개혁주의 신학과 그 역사적 전통에 대한 이해의 결핍 때문에 개혁주의를 보수주의로 이해하는 결과를 낳았다고 지적한 바 있다.[18]

---

18. 간하배, 『현대신학의 이해』(개혁주의 신행협회, 1973), 194.

3장
종교개혁과 개혁주의

이미 앞 장에서 언급하였지만 개혁주의는 16세기 종교개혁을 통해서 비로소 형성된 어떤 새로운 사상이 아니다. 개혁주의는 거슬러 올라가면 초대교회의 아우구스티누스의 사상이었고, 바울의 가르침이었고, 성경의 가르침이다. 그러므로 개혁주의의 연원을 종교개혁으로 보는 것은 옳지 않다. 그러나 개혁주의 사상이 16세기 종교개혁을 통해 보다 분명하게 그리고 체계적으로 정립되었다는 점에서, 16세기 종교개혁으로부터 그 역사적 전개와 발전과정을 정리해 보는 것이 의미가 있다.

1. 종교개혁이란 무엇인가?

종교개혁

종교개혁The Reformation은 1517년 10월 31일, 루터가 교수로 재직하던 독일 비텐베르크Wittenberg대학 게시판에 95개조의 논제를 담은 라틴어 문서를 게재한 사건으로부터 시작되었다. 루터는 로마 가톨릭교회의 사제로서 진정한 구원의 길에 대해 고심하며 번민하던 중, 구원은 인간 행위가 아니라 믿음으로 말미암는다는 성경의 진리를 깨닫게 되었다. 이 깨달음을 후대의 학자들은 '탑 속의 경험'이라고 불렀다.

루터가 95개조 논제를 일반인들이 읽을 수 있는 독일어로 게재한 것이 아니라 식자층만이 알 수 있는 라틴어로 게재한 것을 보면, 루터는 오늘 우리가 이해하는 종교개혁이라는 거대한 변혁 운동을 의도하지 않았음을 알 수 있다. 당시 독일은 문맹률이 90퍼센트에 달했고,

마르틴 루터
Österreichische Nationalbibliothek – Austrian National Library 소장 작품.

라틴어를 이해할 수 있는 인구는 독일 인구의 0.5퍼센트에도 미치지 못했다. 그럼에도 불구하고 루터가 95개조 문서를 라틴어로 게재한 것은 단지 사면부救免符[1] 판매 등으로 나타난 당시 교회의 오도된 구원 관에 대해 토론할 목적이었던 것으로 짐작할 수 있다.

이런 점에서 볼 때 95개조를 항의문이나 반박문이라고 하기보다는

---

1. 흔히 면죄부(赦免符), 혹은 속죄부(贖罪符)로 번역하지만 죄가 아니라 벌을 면하게 해 준다는 것이므로 사면부 또는 면벌부(免罰符)라는 번역이 더 적절하다.

토론문이라고 번역하는 것이 더 적절할 것이다. 실제로 루터가 게재한 라틴어 문서의 표제는 '사면들의 이점 표명을 위한 논제Disputatio pro declaratione virtutis indulgentiarum'이다. 어떻든 이 작은 사건이 교회개혁 혹은 종교개혁이라는 거대한 변혁 운동으로 발전되었다.

20세기 전반의 대표적인 역사가로 불리는 독일의 마이네케Friedrich Meinecke, 1862-1954는 유럽의 역사에서 가장 큰 사건으로 종교개혁을 들었는데, 실로 인류 역사에서 이만큼 큰 변혁은 흔치 않았다. 우리가 '개혁'이라고 번역하는 'Reformation'이라는 단어는 추상명사인데, 그 앞에 정관사 'the'를 붙여 'The Reformation'으로 쓰면 16세기 교회개혁 운동을 뜻하는 고유명사가 된다. 이 점은 종교개혁의 의의와 중요성을 대변해 준다.

당시는 구텐베르크의 인쇄술이 발명된 지 70여 년이 지난 때였으므로 루터의 '95개조'는 두 주가 못되어 독일 전역으로 확산되었고, 불과 한 달이 못되어 전 유럽으로 전파되었다. 이렇게 시작된 종교개혁, 곧 교회개혁 운동이 루터를 비롯하여 츠빙글리, 칼빈, 녹스J. Knox, 1515-1574 등의 개혁자들을 통해 독일, 스위스, 네덜란드, 영국, 스코틀랜드 등지로 확대되어 갔고, 급기야는 중세 사회를 붕괴시키고 근세의 새벽을 여는 세계적 사건으로 발전되어 간 것이다.

16세기에 일어난 이 세계적인 대변혁을 보통 '종교개혁'이라고 부르지만 사실은 '교회개혁'이라고 부르는 것이 더 정확한 표현일 것이다. 16세기 개혁 운동은 근본적으로 다른 종교들과는 관련이 없는 기독교회의, 교회를 위한 개혁 운동이었기 때문이다. 개혁자들의 관심사는 오직 하나님의 교회였다. 그럼에도 불구하고 우리가 '종교개혁'이라고 부르게 된 것은 서양사를 일본을 통해서 배웠기 때문이다. 일본에서는 'The Reformation'을 한자어로 '宗教改革종교개혁'이라고 번역하였고, 우리는 이 표현을 그대로 답습하였다. 비록 우리에게 익숙한 '종교개혁'이라는 말을 사용하더라도, 이 개혁 운동의 진정한 목표는 하나님의 교회였다. 그러므로 이 글에서는 종교개혁과 교회개혁이라는 용어를 혼용하려 한다.

'종교개혁' 혹은 '교회개혁'이라고 말할 때는 당시 교회가 무언가 잘못되어 있었다는 점을 암시한다. 그렇다면 그 당시 교회는 개혁되지 않으면 안 될 어떤 문제가 있었을까? 그리고 그런 문제는 언제부터 있어 왔을까? 이와 같은 질문이 교회개혁의 필요성과 당위성, 다시 말하면 종교개혁의 원인을 해명해 줄 것이다.

종교개혁의 원인

종교개혁의 원인에 대해서는 여러 가지 주장들이 있다. 교리적 변질, 성직자들의 윤리적 타락, 국가주의Nationalism의 대두, 르네상스the Renaissance, 문예부흥운동의 영향, 로마 가톨릭의 이념적 기초였던 스콜라 철학의 붕괴, 그리고 당시의 사회 경제적 상황 등을 원인으로 들 수 있다. 그러나 직접적으로는 로마 가톨릭의 잘못된 구원관 때문이었다.

당시 교회는 성경과 기독교 본래의 신앙과 삶에서 이탈하여 형식화된 의식적 종교로 변질되어 있었다. 즉 하나님의 말씀에서 떠난 성례전聖禮典²적 의식이나 '교회 율법주의Ecclesiastical legalism'에 빠져 있었고, 또 '신인협동설神人協同說, Synergism'이 편만해 있었다. 신인협동설이란 당시 로마 가톨릭의 구원관을 표현하는 용어로, 인간이 구원받기 위해서는 하나님의 은총도 필요하지만 인간의 공로功勞도 있어야 한다는 주장이다.

그래서 신비적 금욕주의禁慾主義가 성행하였고 인간의 공로가 요구되어 금욕, 선행善行이 강조되었으며, 성지순례와 성자聖者 숭배가 유행하였다. 성자는 자기를 구원하고도 남을 만큼의 공로를 쌓았다고 보아 성자를 숭배하면 그 성자가 쌓은 공로를 내가 누릴 수 있다는 소위 '잉여공로설剩餘功勞說'도 널리 퍼져 있었다. 그래서 죄인에게 내리시는 하나님의 은총과 자비, 예수 그리스도에 대한 신실한 믿음이 강조되지 않았다.

당시의 교회에는 미신과 동양의 신비주의적 요소들이 가미되어 있었다. 성직자들의 영적, 도덕적 부패가 가중되었고 평신도들은 영적 기갈 상태에 빠져 있었다. 하나님의 말씀은 전통傳統, traditio에 가려져 있었다. 성경을 소지하는 일이 금지되었고 성경을 번역하는 일조차 금지되었다. 이런 상황에서 사면부라는 거짓이 유포되자, 루터는 1517년 10월 31일 95개조의 토론문을 게재하고 토론을 제안해야 했던 것이다.

사면부赦免符의 판매는 직접적으로 오도된 구원관의 반영이었다.

---

2. 로마 가톨릭의 성사(聖事)들로 이루어진 의례 형식.

여기서 루터는 교회개혁의 필요성과 당위성을 발견하였다. 다시 말하면, 16세기 당시는 종교개혁이 일어날 수밖에 없는 상황이었다. 베인톤R. Bainton을 비롯한 루터교 학자들은 종교개혁에서 루터의 역할을 특별히 강조하지만, 사실은 루터가 아니라 할지라도 종교개혁은 일어날 수밖에 없는 상황이었다.

95개조의 내용

95개조의 주된 내용은 성경이 가르치는 회개의 의미를 설명하고 사면부의 무효성을 주장한 것인데, 사제의 사죄권과 공로사상을 부인하고 그리스도만 우리 죄를 사해 주실 수 있는 유일한 분이심을 천명한 것이다. 95개조의 내용은 다음과 같이 정리될 수 있다.

조항	내용
1-7조	성경적으로 본 회개의 의미
8-29조	연옥에 있는 영혼을 위한 사면부의 부당성에 대하여
30-80조	살아있는 자를 위한 사면부에 대하여
81-91조	사면부 판매에 대한 비판과 반대
92-95조	사면부 판매의 그릇된 동기

결국 95개조는 예수 그리스도로 말미암는 구원을 강조하고 교황의 사죄권과 공로사상을 비판한 문서라고 할 수 있다. 이 문서의 중요한 항목은 다음과 같다.

27조: 궤 속에 던져진 동전의 소리가 울리자마자 영혼이 연옥으로부터 천국으로 옮기어진다고 말하는 이들은 인간의 가르침을 설교한 것이다.

36조: 어떠한 그리스도인이든 진심으로 자기 죄에 대하여 뉘우치고 회개하는 사람은 사면부 없이도 형벌과 죄책에서 완전히 사함을 받는다.

37조: 참다운 그리스도인은 죽은 자나 산 자나 사면부 없이도 하나님께서 주시는 그리스도와 교회의 모든 영적 은혜에 참여하게 된다.

종교개혁의 성취

그러면 종교개혁이 목표한 것은 무엇인가? 종교개혁은 본래의 기독교로의 회복 운동, 혹은 성경적 기독교 회복 운동이라고 할 수 있다. 다시 말하면 중세의 오도된 기독교 신앙과 생활로부터 떠나 성경적 기독교로 돌아가자는 운동이었다.

우리는 보통 종교개혁의 성취를 세 가지 라틴어로 말하고 있다. 첫째는 'Sola Scriptura솔라 스크립투라'로, '오직 성경'이라는 뜻으로서 외경이나 전통, 교회 율법주의를 반대하고 오직 성경만이 신앙과 생활의 유일한 규준이라는 의미이다. 둘째는 'Sola Fide솔라 피데'인데, '오직 믿음으로'라는 뜻으로서 행위구원을 거부하는 말이다. 셋째는 'Sola Gratia솔라 그라치아'로, '오직 은혜로'라는 의미로서 공로사상을 반대하는 말이다.

오직 성경, 오직 믿음, 오직 은혜라는 개혁의 정신은 구체적으로 예배의 개혁을 통해 나타났다. 예배란 하나님에 대한 이해를 기초로 하여 우리가 어떻게 하나님을 믿고 있는가를 표현하는 것이기 때문에, 예배의 개혁은 교회개혁의 논리적인 결과라고 할 수 있다. 그래서 개혁자들은 당시 교회에 내재해 있던 각종 이교적異敎的 풍습과 신비주의적 요소들과 우상과 미신을 제거하고, 예수님께서 단번에 이루신 희생을 부정하는 미사 제도를 폐지하고, 하나님께 대한 찬양과 경배, 그리고 감사로서의 예배를 확립하였다. 이런 점에서 종교개혁은 예배의 개혁이라고 해도 지나친 말이 아니다.

2. 종교개혁의 전개와 개혁교회의 형성

독일에서 루터의 개혁 운동이 전개되고 있을 때, 스위스에서는 츠빙글리와 칼빈에 의해 이 운동이 확산되어 갔다. 츠빙글리는 스위스의 독일어 사용 지역인 취리히Zürich를 중심으로 개혁 운동을 전개했다. 그는 신앙 문제에 대한 토론을 통해 시의회의 인정을 받음으로써 개혁 운동을 확산해 갔는데, 불행하게도 1531년 카펠Cappel 전투에서 전사하였다. 그때 그의 나이가 47세였다.

스위스의 불어 사용 지역인 제네바Geneva의 개혁자는 프랑스인 칼빈이었다. 제네바는 칼빈이 도착하기 전에 이미 기욤 파렐이 개혁을 단행한 도시였다. 칼빈은 1533년에 프랑스를 떠난 후 스위스 바젤

Basel에서 일시 체류하였고 1536년 7월부터는 제네바에서 개혁 운동에 전념하였는데, 1538년 4월부터 1541년 9월까지 스트라스부르크 Strasbourg[3]에서 보낸 3년의 기간을 제외하고는 1564년 하나님의 부름을 받을 때까지 제네바에서 활동하였다. 칼빈의 개혁 활동에 대해서는 다음 장에서 자세히 설명하고자 한다.

개혁 운동이 전 유럽으로 확산되면서 지금의 독일 지역을 중심으로 하는 루터의 개혁 운동은 루터파Lutheran를 형성하였고, 스위스의 개혁 운동, 곧 츠빙글리와 칼빈의 개혁 운동 세력이 연합하여 개혁파 Reformed를 형성하였다. 이상과 같은 개혁자들 외에도 필립 멜란히톤 Philip Melanchton, 불링거Heinrich Bullinger, 마르틴 부써Martin Bucer, 테오도르 베자Theodore Beza 등 여러 개혁자들이 있었다. 이들의 개혁 운동을 통해 오늘 우리가 속한 개신교改新敎, Protestant[4]가 형성되었다.

개신교도를 칭하는 '프로테스탄트Protestant'라는 말이 생겨난 것은 1529년의 일이었다. 1526년 여름 스파이에르Speyer에서 모였던 제국 의회에서 황제 카를 5세Karl V는 종교문제에 대해 '그의 지역에서는 그의 종교로Cuius regio, eius religio', 곧 어떤 지역에서의 종교는 그 지역 통치자의 종교에 따른다고 결정하여 부분적으로 루터파를 인정하였다. 다시 말하면 루터파를 지지하는 제후가 통치하는 지역에서는

---

3. 현재는 프랑스 영토로 '스트라스부르'로 불리지만 16세기에는 독일 지역에 자리한 신성로마제국의 직할령이었으므로 여기서는 '스트라스부르크'로 표기한다.
4. 종교개혁의 결과로 가톨릭으로부터 분리된 새 교회들을 통칭하는 표현이다. 비슷하게 가톨릭을 구교(舊敎), 개신교를 신교(新敎)라고 하여 대조적으로 부르기도 한다.

루터파를 인정한 것이다. 그러나 3년 후인 1529년의 제2차 스파이에르 의회에서 황제는 이전의 결정을 번복하였다. 이때 루터를 지지하는 제후들이 슈말칼덴 동맹Schmalkaldischer Bund을 결성하여 황제에게 항의서를 제출하고 항의protest했는데, 이들을 '항의한 자들'이라고 하여 '프로테스탄트Protestant'라고 부르게 된 것이다. 루터파를 포함한 개신교도들을 프로테스탄트라고 부르게 된 때는 정확하게 말하면 1529년 4월 19일부터였다.

독일과 스위스 외의 여러 지역에서도 개혁 운동은 일어났는데, 스코틀랜드의 경우 존 녹스John Knox가 개혁을 단행하여 1560년에 장로교長老敎, Presbyterianism가 국교화 되었다. 잉글랜드의 경우, 국왕 헨리 8세는 교황이 자신의 이혼 요청을 거부하자 1534년 수장령首長令, Act of Supremacy[5]을 발표하고 로마 교황청과 행정적 관계를 단절함으로써 로마 가톨릭을 떠나 잉글랜드교회Church of England, 곧 성공회聖公會로 독립하였다. 이상에서 말한 종교개혁의 전개를 지역별로 주도적 인물을 중심으로 간단하게 정리하면 아래와 같다.

지역	개혁자	교회
독일	루터	루터교회Lutheran church
스위스독일어권	츠빙글리, 불링거	개혁교회Reformed church
스위스프랑스어권	칼빈, 베자	
스코틀랜드	녹스	장로교회Presbyterian church
잉글랜드	헨리 8세	영국교회성공회, Church of England

---

5. 영국 교회의 수장은 교황이 아니라 영국 국왕임을 선포한 법령.

앞에서 살펴본 바와 같이 종교개혁의 결과로 복음주의 교회는 두 유형으로 발전되었는데, 그것이 루터파Lutheran와 개혁파Reformed이다. 루터에 이어 멜란히톤Philip Melanchton이 계승한 루터파는 독일을 중심으로 하여 주로 스칸디나비아반도로 확산되어 갔으나, 츠빙글리, 불링거, 칼빈 등에 의해 형성된 개혁교회는 스위스, 네덜란드, 프랑스 등지로 확산되어 갔다.

역사적으로 개혁신앙, 곧 개혁주의는 츠빙글리의 지도 아래 스위스에서 시작된 종교개혁에서 찾는다. 개혁주의의 근본 원리들은 이미 그의 가르침 속에 있었다고 볼 수 있다. 그러나 그 원리들이 조직적인 체계로 발전한 것은 칼빈에 이르러서라고 할 수 있다. 이 개혁주의는 스위스와 프랑스로 확산되었고, 이어서 라인강을 따라 독일을 거쳐 네덜란드로 전파되었다. 그리고 동쪽으로는 보헤미아와 헝가리로, 서쪽으로는 도버해협을 건너 스코틀랜드로 전파되었다. 스코틀랜드에서 이 개혁신앙을 따르는 사람들이 장로파 혹은 장로교Presbyterian Church라고 불렸다.

3. 츠빙글리의 교회개혁

생애와 특징

울리히 츠빙글리Ulrich Zwingli, 1484-1531는 지금의 스위스 동부에 해당하는 상트갈렌St. Gallen의 토겐부르크Toggenburg에서 태어나, 베른

Bern, 1496-1498, 비엔나Vienna, 1498-1502, 그리고 바젤Basel, 1502-1506에서 교육을 받았다. 1506년에 신부가 된 후, 글라루스Glarus에서 10년간 1506-1516 목회하였다. 1513년부터 1516년까지는 용병대傭兵隊의 종군 목사로 봉사했으며, 1518년 12월 취리히Zürich시 목사로 선출되어 취리히로 옮겨 감으로써 그의 남은 전 생애를 그곳에서 종교개혁 운동에 바치게 되었다.

루터나 칼빈은 에라스무스와 인문주의人文主義, Humanism[6]를 비판하지만, 츠빙글리는 에라스무스 등의 인문주의의 영향을 가장 많이 받은 종교개혁가였다. 당대의 르네상스 인문주의는 '원천으로 돌아가자ad fontes'는 운동이었으므로[7] 단순히 반反기독교적이거나 기독교와 무관하게 진행된 운동은 아니었다. 오히려 여러 가지 측면으로 볼 때 인문주의 운동이 종교개혁의 발판이 되었다고 할 수 있는데, 그 근거를 다음의 세 가지로 설명할 수 있다. 첫째로 인문주의의 영향으로 성경 자체에 대한 연구가 강조된 점, 둘째로 성경을 당시의 역본이었던 라틴어 역본이 아니라 히브리어와 헬라어 원본으로 연구해야 한다고 강조한 점, 셋째로 인쇄술의 발명에 따라 성경 보급을 확대하였고 따

---

6. 르네상스기에 이탈리아에서 크게 발흥한 사상이다. 고대 그리스·로마의 고전 연구를 중심으로 중세 가톨릭교회의 권위와 정신적 속박에서 벗어나 인간의 존엄성을 강조하고, 그에 근거하여 인간 문화를 계발하는 데 초점을 두고 있다. 인본주의(人本主義)라고도 한다.
7. 르네상스(the Renaissance)라는 프랑스어 자체가 '돌아가다(re)'와 '시초(naissance)'의 합성어이다.

ANNO AETATIS EIVS XLVIII.

48세 당시의 츠빙글리
British Library 소장 작품.

라서 교회가 성경 원리에 충실한가를 확인할 수 있게 한 점 등이 그것
이다.

츠빙글리는 전형적인 인문주의 성경학자로서 신약성경을 원어로
읽고 가르칠 수 있었다. 그는 성경 원어에 대한 이해를 통해 당시 교회
의 구조와 도덕적 현실이 신약성경의 교회와 확연히 다르다는 사실을
알게 되었다. 이것이 그의 교회개혁 운동의 출발점이 되었다. 그러므
로 루터가 '교리 측면의 개혁'을 강조했다면, 츠빙글리는 '개인과 교회

생활의 개혁'에 강조점을 두었다고 할 수 있다.

개혁 운동

취리히에서 츠빙글리의 개혁 운동은 신약 강해로 시작되었다. 1518년 12월에 취리히로 옮겨 온 츠빙글리는 1519년 1월 1일 토요일, 그의 35회 생일날부터 취리히의 그로스뮌스터Grossmünster성당에서 목회자로서의 삶을 시작했는데, 이날은 그의 개혁 운동이 시작된 날이었다. 그는 당시 유행하던 주석註釋류에 의존하지 않고 헬라어 성경 본문을 가지고 직접 주해하며 설교했다. 이것이 상당한 영향력을 끼쳤고, 그는 설교를 통해 연옥설과 수도원 제도 등에 대해 비판했다. 1522년 4월에는 형식화된 금식에 대한 교회의 관행을 비판하는 『음식의 선택과 자유에 관하여Von Erkieses und Freiheit der Spysen』를 출판하였는데, 그는 이 책에서 교황과 감독의 통제로부터 신도들이 해방되어야 한다고 주장했다. 이 책이 그의 첫 저작이었다.

츠빙글리의 개혁 운동은 설교 외에도 종교 문제에 대한 공개토론을 통해 추진되었는데, 제1차 토론은 1523년 1월 29일 개최되었다. 그의 신학적 근거는 성경이었고, 이 토론회에서 교황의 권위와 미사의 희생, 그리고 금식 규례와 성직자의 독신을 비판하였다. 1523년 10월 26일 개최된 제2차 토론에서는 미사의 폐지, 성화聖畫와 성상聖像 폐지를 강조하였다. 그리고 교회 안에서의 악기 사용을 금지하였다. 그가 예배에서의 악기 사용을 반대한 이유는 초대교회 예배에서 악기가 사용된 흔적이 없다는 점과, 또 예배에서 말씀 듣는 것에 집중해야 한다는 이유 때문이었다. 제3차 토론은 1524년 1월 19일부터 20일까지 개최되었다. 이 토론의 결과로 취리히교회에서 미사가 폐지되었다.

취리히를 중심으로 전개된 츠빙글리의 개혁 운동은 스위스의 타 지역으로 확산되어 갔다. 그래서 1519년에 개혁이 시작된 지 10년이 지난 1529년 무렵에는 당시 열두 개 주 중에서 네 개 주가 종교개혁을 받아들였다. 그러나 다섯 개의 삼림森林지역인 루체른Lucern, 추크Zug, 슈비츠Schwyz, 우리Uri, 운터발덴Unterwalden은 교회개혁에 강하게 반발하였다. 결국 1531년에 이 도시들이 취리히에 대항하는 전쟁을 일으켰고, 이 전쟁에 출전했던 츠빙글리는 1531년 10월 11일의 카펠Cappel 전투에서 전사하였다. 그가 죽은 후 그의 스위스 개혁 운동은 불링거 Heinrich Bullinger, 1504-1575에 의해 계승되었다.

4장

칼빈의 개혁과
개혁주의

1. 개혁자가 되다

출생과 성장

칼빈Jean Calvin, 1509-1564은 1509년 7월 10일, 프랑스 파리에서 동북쪽으로 약 96킬로미터 떨어진 곳에 위치한 피카르디Picardie현의 누아용Noyon에서 제라르 코뱅Gérard Cauvin의 다섯 아들 중 둘째 아들로 태어났다. 그의 이름은 원래 장 코뱅Jean Cauvin이었다. 그가 태어난 생가는 성당의 그림자를 받는 곳에 위치할 만큼 교회와 인접한 곳이었고, 그의 가정환경은 교회 생활과 밀접한 관련을 맺고 있었다. 그의 아버지는 누아용에 위치한 노틀담Notre-Dame성당의 참사회參事會, capitulum[1] 공증인이자 주교의 비서였고, 후일에는 그 교구의 재무관이 되었다. 그의 어머니 쟌느 르 프랑Jeanne le Franc은 네덜란드 출신 여성으로서 여관업자의 딸이었는데, 칼빈의 부모는 1500년이 되기 얼마 전에 결혼한 것으로 알려져 있다. 칼빈의 어머니에 대해서는 자료가 빈약하지만 아름답고 경건했던 여성으로 알려져 있다. 그러나 칼빈의 어머니는 칼빈이 6세 때인 1515년에 세상을 떠났고 그의 아버지는 곧 재혼하였다.

칼빈은 어린 시절 다른 형제들과 더불어 콜레주 데 카페츠Collège des Capettes라는 지방 학교를 다녔다. 1523년 8월에는 대학교육을 받는 데 필요한 라틴어를 배우기 위해 파리로 가 파리대학Université de

---

1. 성당 행정에 관한 자문 기구.

Paris에 있는 콜레주 드 라 마르슈Collège de la Marche에 입학하였다. 14세 때였다. 당시 이 대학에는 마튀랭 코르디에Mathurin Cordier, 1479-1564라는 저명한 인문주의자가 교수하고 있었는데, 그는 후일 개신교로 개종하여 칼빈의 훌륭한 스승이 되었다. 칼빈의 저술에 나타나는 논리의 명료성, 분석의 정확성 등은 이때 받은 교육의 결과라는 견해가 있다.

약 일 년간 코르디에로부터 라틴어와 인문주의 정신을 배운 칼빈은 보다 유명한 학교인 콜레주 드 몽테규Collège de Montaigu로 전학하였다. 칼빈이 이 학교로 옮긴 이유는 분명히 알 수 없으나, 기독교 역사학자인 존 맥닐John McNeil은 아마도 사제가 되려는 의도가 있었을 것이라고 추정한다. 칼빈은 이 학교에서 둔스 스코투스Duns Scotus, 오컴William of Ockham, 비엘Gabriel Biel 등으로부터 후기 스콜라주의 신학과 철학을 배웠고, 롬바르드Pierre Lombard의 조직신학 교과서인 『네 권으로 된 명제들Libri Quattuor Sententiarum』도 배운 것으로 보인다. 칼빈은 1528년 초까지 이 대학에서 공부하여 문학 석사 과정을 끝냈다. 엄격하고 금욕주의적 경향이 짙었던 이 학교는 칼빈의 지적 훈련을 위한 적절한 장소였다. 인문주의자인 에라스무스도 이 학교에서 수학하였다.

1528년 3월 칼빈은 법학을 공부하기 위해 오를레앙대학Université de Orléans으로 옮겼다. 칼빈의 전학은 부친의 권유에 따른 것이었다. 칼빈의 아버지 제라르는 성당참사회 및 주교와 모종의 불화로 심히 다투었고 소송까지 하게 되었는데, 1528년 11월 2일에 불공정하게 파문을 받았다. 이렇게 되자 제라르는 자기 아들이 성직자가 되기보다는 명예와 재산을 얻기에 유리한 법률가가 되기를 원했다. 그리하여 칼빈은 오를레앙대학의 유명한 법률가였던 피에르 테상 드 레스투알Pierre Taisan de L'Estoile, c.1480-1537 문하에서 민법民法을 공부하기 시작하였다. 당시 이 법과대학에는 다섯 명의 민법 교수와 세 명의 교회법敎會法 교수가 있었는데, 민법 연구도 중세 가톨릭의 테두리를 벗어난 것이 아니었다.

칼빈은 이 대학에 일 년간 체류하면서 인문학을 배웠다. 그는 성경을 프랑스어로 번역했던 인문주의자 올리베탕Pierre Robert Olivétan, 1506-1538에게서 기독교의 참 모습은 성경에서 찾아야 한다는 점을 배웠고, 그의 도움으로 프랑스의 인문학계에 소개되어 르네상스 정신과 접촉할 수 있었다. 이곳에서 칼빈은 파리에서 온 니콜라스 콥Nicholas Cop, 헬라어 선생이자 친구였던 멜키오르 볼마르Melchior Wolmar와도 교제하였다. 1529년 가을에는 부르주대학Université de Bourges으로 옮겨 갔다. 이탈리아 출신의 교회법학자인 안드레아 알치아티Andrea Alciati에게서 교회법을 배우기 위해서였다. 그는 당대의 최고의 법률학자로 명성을 얻었던 인물이었다. 이 대학에서 칼빈은 그의 부친이 세상을 떠난 해인 1531년까지 있었다.

이 시기에 칼빈에게 영향을 준 사람은 볼마르였다. 칼빈보다 3년 연상이자 고대 그리스 시인 호메로스Homeros에 관한 책을 저술했던 볼마르는 칼빈에게 헬라어 원어로 신약을 읽도록 가르쳤고, 성경 원전에 대한 지적 열정을 불어넣어 주었다. 후일 칼빈이 고린도후서 주석을 볼마르에게 헌정한 것을 보면 그에게서 적지 않은 영향을 받았음을 알 수 있다. 또한 이 시기에 볼마르를 통해 루터의 신학을 접한 것으로 보인다.

부친이 세상을 떠난 후 칼빈은 이제 자신의 희망을 따라 인문학을 공부하기로 작정하고 부르주를 떠나 콜레주 포르테Collége Fortet로 옮겼는데, 이곳에서 칼빈은 헬라어와 히브리어를 공부하였다. 1532년에는 다시 오를레앙대학으로 돌아갔고, 이듬해인 1533년에는 법학박사 학위를 받았다. 이상과 같은 칼빈의 지적 여정은 후일 그의 생애와 저술 활동에 많은 영향을 주었다. 그의 명석한 두뇌와 학문적 능력이 그의 학자로서의 길을 인도하고 있었다.

칼빈의 최초의 저서는 세네카의 『관용론De Clementia』에 대한 주석으로, 그의 나이 23세 때인 1532년 4월에 출판되었다. 르네상스 인문주의의 영향 아래 있었던 당시 분위기에서 고대 그리스나 로마 저술가들의 저작을 주해하는 일은 매우 빈번한 일이었고 학계에 공헌하는 일로 여겨졌다. 『관용론』을 쓴 세네카는 1세기 로마의 철학자로서 기독교 인문주의자들에게 사랑받는 '선한 이교도'였다. 당시 관용의 문제는 흥미를 불러일으킬 만한 주제였다. 그러나 칼빈의 첫 저서는 그 자신의 기대와는 달리 식자층의 관심을 얻지 못했다. 혹자는 첫 저서에 대한 실망스러운 경험이 그를 기독교 인문주의자들로부터 떠나 복음주의자의 반열로 돌아오게 하는 요인이 됐다고 주장한다.

전환점

칼빈은 '관용론 주석'을 출판한 후 오를레앙 지방에 가서 일 년간 체류하였고, 1533년 8월에는 그의 고향 누아용을 방문한 후 다시 파리로 돌아갔다. 칼빈은 이곳에서 다시 니콜라스 콥Nicholas Cop과 만나 교류하였는데, 이때가 1533년 10월이었다. 니콜라스 콥은 1533년 11월 1일의 '모든 성인 대축일Sollemnitas Omnium Sanctorum'[2]에 파리대학 학장으로 취임하게 되어 있었다. 이때 그가 한 '심령이 가난한 자는 복이 있나니'라는 제목의 취임사는 칼빈의 영향을 받아 작성된 것이었다. 혹자는 칼빈이 연설문을 대신 썼다고 주장하기도 하지만 분명치 않다. 그러나 칼빈이 어떤 형태로든 연설문 내용에 영향을 준 것은 사실이었다. '관용론 주석'을 출판한 후 약 18개월이 지난 1533년 10월에 있었던 이 연설은 칼빈의 생애에서 하나의 결정적인 전환점이 되었는데, 이 연설 때문에 니콜라스 콥과 함께 파리를 떠나지 않을 수 없었기 때문이다.

이 연설문에서 니콜라스 콥은 소르본느Collège de la Sorbonne[3]와 그 신학자들의 완고함을 비판하면서 에라스무스와 루터를 인용하여 교회개혁 운동에 동조하였을 뿐만 아니라 그들과 같은 복음주의적 신앙을 강하게 표현했다.

---

2. 만성절(萬聖節)이라고 한다. 모든 성인의 위대함을 찬미하는 가톨릭의 축일이다.
3. 당시 정통 가톨릭 신학을 대변하던 파리대학 신학부를 가리킨다. 파리대학은 1257년에 소르봉(Robert de Sorbon) 신부가 설립한 가톨릭 신학교로 시작되었다.

……하나님께서는 그분의 말씀을 통하여 우리들의 마음속에서 신앙과 사랑과 희망을 일깨워 주십니다. 하나님께서는 우리를 은총으로 인도하시고 이끌어 주십니다. 뿐만 아니라 하나님께서는 우리의 마음을 열어 주시고 복음을 믿게 하시며 우리가 온 마음을 다하여 섬겨야 할 하나님께서 살아 계신다는 사실을 이해할 수 있게 하십니다. 하나님께서는 우리들의 마음을 평화와 기쁨으로 충만케 하심으로써 성령님의 힘으로 소망 중에 승리하도록 하십니다.

이 연설로 니콜라스 콥은 곧 당국의 소환을 받았고, 상황이 불리하게 전개되자 스위스 바젤로 도피하였다. 칼빈 역시 자신의 안전을 위하여 파리를 떠나지 않으면 안 되었다. 이미 가택 수색을 받고 그의 책들과 서신들이 압류된 상태였다. 그래서 칼빈은 일정 기간 파리에 숨어 있다가, 1534년 초에는 가명을 쓰고 파리를 떠나 프랑스 남부 앙굴렘Angoulême의 인문주의자인 루이 뒤 티예Louis du Tillet의 집에 은신해 있기도 했다. 이 기간 동안 칼빈은 루이 뒤 티예의 방대한 장서들을 이용하여 지적 성숙을 이루어 갔다. 이때의 공부가 후일 '기독교강요'를 집필하는 데 적지 않게 도움이 된 것으로 알려져 있다.

개혁자로의 여정

칼빈이 파리를 떠나 순례자의 길을 가게 되는 1534년 무렵의 프랑스에서는 종교적 갈등으로 인한 혼란이 가중되고 있었다. 로마 가톨릭 세력은 독일을 중심으로 전개되던 프로테스탄트 신앙 운동을 철저히 차단하여 가톨릭 신앙을 지키려 힘썼으나, 교회개혁 운동은 프랑스 파리에서도 점차 수면 위로 나타나기 시작하였다. 정신, 이념 혹은 사상의 통제는 인쇄술의 발명과 더불어 점차 그 위력을 상실해 갔고, 루터의 개혁 운동에 관한 정보는 유럽 국경의 경계망을 넘어 여러 나라로 흘러들어 갔다. 루터의 작품들도 암암리에 회람되고 있었다.

드디어 1534년 10월 18일, 소위 '플랭카드 사건'이라고 부르는 프랑스 프로테스탄트들의 공개적인 저항이 일어났다. 이날 일군의 프로테스탄트들이 "교황제하에서 실시되는 미사의 오용에 관한 조항"이라는 말로 시작되는 벽보들을 파리와 프랑스 주요 도시에 게재하는 거사를 감행하였다. 이 벽보에서 프랑스 프로테스탄트들은 신앙의 자유를 주장하며 로마 가톨릭 옹호 정책을 비난하였다. 심지어 이 벽보가 암보아즈Amboise에 있는 왕궁 침실의 문 앞에까지 붙을 정도로 과감하고 기습적인 사건이었다. 이에 프랑스왕 프랑수아 1세François I는 프랑스 프로테스탄트들을 탄압하기 시작했는데, 그의 프로테스탄트 탄압은 교황 바울 3세Paul III의 환심을 사기 위한 정략적 성격을 띠고 있었다.

프랑수아 1세는 주교의 저택에서 벌어진 향연에서 로마 가톨릭을 반대하는 해독을 철저히 제거하겠노라고 장담했다. 그는 자신의 약속을 지키기라도 하듯이 수백 명의 프로테스탄트들을 수색, 체포하였고, 그중 35명을 화형에 처하기까지 하였다. 칼빈의 친구 이티엔느Étienne de la Forge와 칼빈의 친형제 중 하나도 이때 처형된 것으로 알려져 있다. 여기에 그치지 않고 프랑수아 1세는 자기 영토 내의 모든 이단을 섬멸하겠노라는 칙령을 발표하기도 했다.

이와 같은 프랑스의 종교적 변혁기에 칼빈은 파리를 떠나 순례자의 길을 떠났고, 스트라스부르크를 거쳐 1535년 1월에는 바젤로 도피하였다. 이곳에서 그는 프로테스탄트 최고의 저작이자 16세기 종교개혁 이래 개신교의 가장 중요한 신학 고전으로 불리는『기독교강요 *Christianae Religionis Institutio*』를 집필1535. 8하고 출판1536. 3하게 된다.

복음주의로의 회심과 '기독교강요'의 출판

칼빈 연구가들 사이에서 여전히 논란이 일고 있는 문제는 칼빈의 회심에 관한 문제이다. 파커T. H. L. Parker 같은 이들은 칼빈은 1529년에서 1531년 어간에 회심한 것으로 보인다고 주장한다. 그러나 언제 칼빈이 로마 가톨릭과 결별했는지에 대해서는 분명하게 알 수 없다. 칼빈은 루터에 비해 자신의 개인적인 삶에 대한 기록이 적기 때문이다. 혹자는 칼빈이 자신에 대해 기록을 남기지 않은 것은 자신의 삶에 대한 과묵한 성격을 보여 주는 전형적인 예라고 주장한다.

그러나 칼빈이 1557년에 출판했던『시편 주석』서문은 그의 회심에 관해 추적해 볼 수 있는 단서를 제공하고 있다.

…… 내가 아직 어렸을 때 나의 부친은 내가 신학을 연구하도록 작정하셨다. 그러나 후에 나의 부친은 법조계로 진출하는 것이 잘살 수 있는 길이라 생각하고 나를 법과대학에 보내기로 마음

을 변경하였다. 그래서 나는 문과 공부에서 법과 공부로 바꾸었
다. 이는 아버지의 뜻에 복종하기 위해서였다. 하지만 하나님의
감추어진 섭리에 의하여 나는 다시 나의 방향을 변경시켰다. 나
는 교황주의의 미신에 너무나 중독되어 있었기 때문에 이 깊은
늪에서 헤어나기 힘들었다. 그러나 하나님께서는 갑작스러운 회
심subita conversio을 통하여 나의 마음을 녹여 말씀의 가르침을
받아들일 수 있게docilitas 하셨다.

1534년 초에 칼빈은 성당 참사회원이었던 아버지가 마련해 두었던
성직록聖職祿, Beneficium[4]을 거부했는데, 공식적으로 교회를 위한 봉
사를 시작하지 않으려면 성직록을 포기하는 것이 관례였기 때문이다.
지원을 뿌리침으로써 마침내 칼빈은 로마 가톨릭의 사슬에서 홀연히
벗어났다. 이때 칼빈의 나이가 25세였다.

이렇게 볼 때 칼빈의 개종과 회심은 갑작스러운 사건이었고, 그가
세네카의 관용론에 대한 주석을 출판한 이후인 1532년 이후로부터
1533년 말 사이에 이루어진 일로 보는 것이 보다 정확한 것으로 보인
다. 여러 가지 정황을 종합해 볼 때 칼빈은 일부 인문주의자들의 영향,
자신의 깊은 성경 연구, 그리고 초기 기독교 역사에 대한 탐구를 통해
복음주의 신앙으로 회심할 수 있었던 것으로 보인다. 물론 칼빈이 회

---

4. 성직에 부여된 종교적 의무를 수행하는 성직자 혹은 예비성직자에게 교회가 부여하는
   물질적인 보상.

심하게 된 요인으로서 이러한 것들보다 더 중요한 것은 하나님께서 특별히 섭리하시고 계획하셨다는 점이다. 하지만 칼빈의 후계자이자 처음으로 칼빈의 전기를 썼던 테오도르 베자Theodore Beza는 칼빈의 회심은 특히 프랑스 인문주의자이자 그의 친척이었던 올리베탕Pierre Robert Olivetan에게 큰 영향을 받았다고 했는데, 이점은 분명한 사실일 것이다.

1535년 1월 바젤에 도착한 칼빈은 마르티아누스 루키아누스 Martianus Lucianus라는 가명을 썼다. 이곳에서 그는 학문 연구에 진력하려고 했다. 이것은 그의 간절한 바람이기도 했지만 자신이 학문 연구와 저술의 소명을 받았다고 믿고 있기 때문이었다. 이곳에서 칼빈은 1년 전에 이곳에 와 있던 니콜라스 콥을 다시 만날 수 있었다.

칼빈은 이곳에서 그의 첫 신학적 저술이라고 할 수 있는 『영혼의 깨어 있음에 관하여Psychopannychia』를 저술한 것으로 알려져 있다. 이 책이 출판된 것은 그 이후의 일이지만 이 책에서 칼빈은 사람이 죽은 후 부활할 때까지의 영혼의 상태에 대해 설명하였다. 칼빈은 이 작품을 통해 사람이 죽은 후에 그 영혼은 잠을 잔다는 '영혼수면설'에 대해 비판하였다. 이 영혼수면설은 당시 프랑스 등지에서 재침례파들이 유포하고 있었다. 칼빈은 이 책에서 인간의 사망 시부터 부활의 때까지 영혼은 의식 없는 수면의 상태로 있는 것이 아니라 움직일 수 있으며, 느끼며, 활동하고 인지할 수 있다고 주장하였다. 이로써 이 책은 칼빈의 첫 신학 작품이자 재침례파에 대한 첫 비판서가 되었다.

바젤에 도착하여 어느 정도 안전을 누리게 된 칼빈은 이제 혼란의 시대 속에서 교회의 바른 신앙을 명백하게 제시하기 위하여 또 다른 논문들을 준비하고 있었다. 그래서 그는 일 년도 채 안 되는 기간 동안 엄청난 노력을 들여 또 한 권의 책을 저술했는데, 그것이 '기독교강요' 였다. 이 책은 기독교 신앙 전체에 대한 요약인데, 당시만 해도 대부분의 프로테스탄트 저술들이 당면한 논쟁점들에 대해서만 논하고 있었으므로 개신교의 기본 교리와 신학에 대한 필요를 적절하게 채워 주지 못하고 있었다. 바로 이런 결핍을 채워 주기 위해 칼빈은 프로테스탄트의 신학적 개요라고 볼 수 있는 이 책을 집필하게 된 것이다.

칼빈은 이 책을 1535년 8월에 완성했으나 이 책이 출판된 것은 이

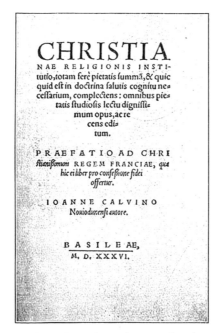

칼빈의 기독교 강요 초판본(1536)의 표지

듬해인 1536년 3월이었다. 516쪽으로 구성된 이 책은 전 6장으로 구성되어 있었는데, 첫 4장에서는 율법, 신경信經, 주기도문, 성례를 다루었고, 마지막 두 장에서는 다소 논쟁적인 주제였던 로마 가톨릭의 오도된 성례관을 비판하고 그리스도인의 자유의 문제를 프로테스탄트의 입장에서 요약하였다. 첫 4장의 내용이나 형식을 볼 때, 이것은 루터가 1529년에 썼던 『소신앙문답Der Kleine Katechismus』을 모방한 것으로 추측된다.

칼빈이 이 책을 쓴 것은 현실적인 필요 때문이기도 했다. 이 책이 프랑스왕 프랑수아 1세에게 헌정된 사실에서 암시되고 있지만, 프로테스탄트 신앙을 간명하게 가르치려는 교육적 의도와 더불어 프랑스의 박해받는 복음주의자들의 입장을 옹호, 변증하려는 목적이었다. 왕의 침실 문에까지 벽보를 붙였던 1534년 10월의 플랭카드 사건 이후 프랑스 복음주의자들은 프랑수아 1세의 박해를 받았다. 그러므로 칼빈은 프로테스탄트의 교리적 입장을 변호apologia pro fide sua하고 복음주의자들은 급진적인 그룹들과는 다르다는 점을 보여 주려는 동기에서 이 책을 저술한 것이다.

이 책은 출간되자마자 커다란 반향을 불러일으켰다. 라틴어로 저술되었던 이 책 초판은 9개월 만에 매진되었고 그 수요는 확대되어 갔다. 칼빈은 이 책을 1539년에 증보하여 제2판은 스트라스부르크에서 출판하였다. 이때부터 20년간 개정과 증보를 거쳐 1559년에는 결정판을 냈는데, 이것이 오늘 우리에게 널리 알려진 '기독교강요 결정판'이다. 1559년의 라틴어본 결정판불어 역본은 1560년에 나옴은 1536년의 초판과는 내용이나 구성이 엄청나게 다른 모습으로 변해 있었다. 초판은 오직 6장으로 구성되어 있었으나 결정판은 4권 80장으로 이루어진 방대한 저술로 변해 있었다.

후에 다시 언급할 계획이지만, 칼빈은 평생 동안 저술 활동을 계속하였고 또 많은 양의 작품을 썼다. 그는 거의 30년간 저술을 계속하였는데, 아우구스티누스, 토마스 아퀴나스, 그리고 루터 등을 제외하고는 칼빈만큼 방대한 저술을 남긴 이들이 많지 않다. 그러면서도 칼빈이 사상적 일관성을 유지하면서 집필 활동을 했다는 점은 놀라운 일이다. 종교개혁 연구가 루이스 스피츠Lewis W. Spitz, 1922-1999는 "칼빈은 30년 이상의 기간 동안 글을 쓰고 책을 저술했지만 그가 남긴 작품들은 놀랄 만한 동질성同質性, homogentity을 유지하고 있다."라고 했다.[5]

칼빈은 '기독교강요'를 출간한 후 1536년 4월에 이탈리아로 갔다. 이탈리아의 도시 페라라Ferrara에 공작부인 르네 드 프랑스Renée de France를 중심으로 종교개혁을 지지하는 이들의 작은 모임이 있었기 때문이다. 칼빈은 이곳에서 잠시 머문 뒤 다시 바젤로 돌아왔다가 자신의 주변을 정리할 목적으로 프랑스를 방문하기로 작정하였다. 이제 자신의 종교적 확신 때문에 조국 프랑스에서 살 수 없게 되었으므로 망명의 길을 선택한 것이다.

1536년 6월, 칼빈은 안전을 위해 가명을 쓰고 파리로 가서 그의 형제 앙투안Antoine과 이복 여동생 마리Marie를 안전한 스트라스부르크

---

5. 루이스 스피츠, 『종교개혁사』(서영일 역, 기독교문서선교회, 1983), 206.

로 보내고, 자신 또한 재산을 처분하여 조국을 떠나 스트라스부르크로 가고자 했다. 스트라스부르크는 타 도시에 비해 종교 관용 정책을 쓰던 도시였을 뿐만 아니라 프로테스탄트들이 득세하고 있었으므로 칼빈이 활동하기에 편리하고 안전한 지역이었기 때문이다. 후일 재침례파들은 이 도시를 '의의 피난처'라고 불렀다. 그러나 당시의 정치적 상황, 곧 오스트리아 합스부르크가家와 프랑스 발루아가家 간의 전쟁 Hapsburg-valois wars, 1536-1538 때문에 칼빈은 스트라스부르크로 직행할 수 없었다. 스트라스부르크가 속한 프랑스 동부 알자스Alsace 지방은 라인강에 연한 독일과의 국경지대였으므로 스트라스부르크로 향하는 길은 군사 작전으로 봉쇄되어 있었다. 그래서 칼빈은 우선 스위스 제네바Geneva로 내려가서 그곳을 경유하여 최종 목적지인 스트라스부르크로 올라가는 길을 택했다. 이 여정은 칼빈의 생애를 통해 역사하시는 하나님의 특별한 섭리였다.

제네바

칼빈은 1536년 7월에 제네바에 도착하였다. 그는 이곳에서 며칠을 머문 후 다시 스트라스부르크로 떠날 계획이었다. 그러나 이것은 칼빈 개인의 희망이었을 따름이다. 하나님께서는 이곳 제네바에서 칼빈에게 보다 소중한 사명을 주시기 위해 그를 제네바에 묶어 두셨다. 이 사건은 칼빈의 생애에서 커다란 변화의 시작이었다. 이미 아우구스티누스는 '유한한 존재가 무한한 존재를 측량할 수는 없다finitum non est capax infiniti'고 말했다. 인간은 하나님의 뜻을 헤아릴 수 없다는 것이다.

1536년 7월, 칼빈이 제네바에 도착한 일은 프로테스탄트 역사에서 실로 커다란 사건이었다. 칼빈이 이곳 제네바에 도착했을 때 아무도 그가 이 도시의 개혁자로 생애를 바치며 이 도시가 프로테스탄트 운동의 중심지가 될 것을 예견하지 못했다. 그러나 역사의 주관자이신 하나님께서는 1536년 7월 이날의 방문을 우연한 사건, 한 순례자의 의미 없는 행로行路로 남겨 두지 않으셨다. 정확한 날짜는 알려져 있지 않으나, 칼빈이 1536년 7월에 제네바로 온 일이 그 이후의 종교개혁사를 결정짓는 중요한 분기점이 되었다는 사실에는 이론의 여지가 없다.

1536년 당시 제네바는 만 명 내지 만 삼천 명 인구의 도시로서[6] 명목상 신성로마제국과 프랑스왕의 통치 아래 있었다. 제네바는 이탈리아와 프랑스 사이에 위치하고 있었기 때문에 지리적으로 프랑스와 이탈리아의 교역 중심지인 상업적인 도시였다. 이 도시는 레만Leman 호수를 끼고 있어 평화로워 보였으나 항상 그렇지는 않았다. 윤리적 수준이 낮은 여러 부류 사람이 살고 있었으므로 향락적 분위기가 이 도시의 도덕의식의 향상을 방해하고 있었고, 특히 1520년대 이후에는 정치적 종교적 변혁과 혁명의 와중에 있었다.

정치적으로 제네바는 봉건영주였던 사보이Savoy공이, 종교적으로는 제네바 주교 피에르 드 라 봄므Pierre de la Baume, 1522-1538가 인척관계를 맺고 권력을 행사하고 있었다. 1517년부터 이들에 대한 반대 운

---

6. 윌리엄 몬터(William Monter)는 당시 제네바 인구를 1만 명으로 산정하지만(*Calvin's Geneva*, NY., 1967), 헤롤드 그림(Harold Grimn)은 17,000명으로 산정하였다(*The Reformation Era, 1500-1650*, Macmillan, 1965, 264 참고).

동이 전개되었고 1519년에는 이들을 축출하려는 시도가 있었으나 성공하지 못했다. 그러나 반대자들은 1526년에는 인접한 베른Bern과 프리부르Fribourg와 동맹을 맺어 또다시 사보이가家의 축출을 시도하였다. 사치와 낭비로 평판이 좋지 못했던 제네바의 감독 피에르 드 라 봄므는 1527년에 제네바에서 도주하였고 1533년 잠시 귀국했으나 곧 다시 도피하였다. 그래서 1534년 10월 주교직의 공석이 공식 선포됨으로써 사보이가가 영구히 축출되었다. 이 정치적 변혁이 이 도시의 종교개혁에 간접적인 영향을 준 것은 사실이다.

이 당시 제네바의 행정은 일련의 대의代議 제도인 네 종류의 의회들에 의해 시행되고 있었다. 그 첫째는 모든 제네바 시민들, 곧 한 가정마다 한 사람씩을 대표로 구성되는 '총회' 혹은 '코뮨Commune'이었다. 이 총회는 네 명의 평의원과 시 재정관을 선출하였다. 이 네 명의 평의원은 시의 질서와 치안을 담당하는 주요 권력 기구였고 동시에 최고 의결 기구였던 25인회의 회원이 되었다. 총회는 모든 시민에게 영향을 미치는 중대 사안이 있을 때만 소집되는 가장 중요한 회의였다.

둘째는 소小위원회라고 불리는 25인회인데, 이 회의는 시 행정을 주도하는 집행 기구였다. 그리고 나중에 생겨난 의결 기구이지만 셋째, 200인의 귀족들로 구성되는 대大위원회 혹은 200인회가 있었다. 이 대위원회, 곧 200인회가 매년 16인의 소위원을 선출하도록 규정되어 있었다. 넷째는 60인들로 구성되는 60인회이다. 후에 언급하겠지만 제네바시에서의 종교개혁은 먼저 25인회의 결의를 거쳐 1536년 5

월 21일에 제네바 전체 시민들로 구성되는 총회에서 정식 인준을 받음으로써 단행되었던 것이다.

파렐의 개혁 활동

1520년대 초부터 제네바시에서 종교개혁의 조짐이 나타나기 시작하였다. 즉 루터의 작품들이 비밀리에 회람되고 있었고, 그의 사상이 제네바 시민들에게 새로운 종교 사상으로서 관심을 불러일으키고 있었다. 1522년에는 프란체스코회 수도사였던 프랑수아 랑베르François Lambert d'Avingon가 루터파로 개종하고 복음주의적인 설교를 했으나 이 도시에서 일어난 정치적 소요騷擾 때문에 종교개혁 사상의 전파가 원활하지 못했다.

그러나 1531년 10월 1일에 기욤 파렐Guillaume Farel, 1489-1565은 츠빙글리에게 "제네바 시민들에게 그리스도가 전파되고 있다"라고 보고 하였는데, 아마도 이때는 보다 분명히 개혁의 기운이 일고 있음을 보고한 것으로 보인다. 1532년 6월 2일, 제네바에서의 사면부 판매가 허락되었을 때 당시 교황인 클레멘트 7세를 비난하는 격문이 시내에 유포되었던 일은 제네바시에서 로마 가톨릭의 공로사상에 대한 반발이 구체화되고 있었음을 보여 주는 단적인 예라고 볼 수 있다.

이러한 간헐적인 개혁 운동이 있었지만, 이 도시에서의 종교개혁 운동은 베른에서 온 파렐이 주도함으로써 본격적으로 진행되었다. 파렐은 1532년부터 제네바에 와서 앙투안 프로망Antoine Froment과 피에르 비레Pierre Viret의 도움을 받으며 복음주의 신앙 운동, 곧 종교개혁

기욤 파렐
Rijksmuseum 소장 작품.

을 시작하였다. 파렐도 프랑스인으로, 도피네Dauphine에 있는 갑Gap이
라는 곳의 유복한 가정에서 태어났다. 파리대학에서 수학한 그는 1521
년에 루터의 사상, 곧 이신득의의 신앙 원리를 받아들였고 복음주의
운동에 투신하였다.

그는 파리에서 지하교회를 설립하는 등 적극적으로 일했으나 박해
를 받고 1523년 스위스 바젤Basel로 도피하였다. 바젤에서는 외콜람파
디우스Johannes Oecolampadius, 1482-1531[7]와 교류하였다. 파렐은 이 시기

7. 바젤의 종교개혁을 주도한 독일인 종교개혁가. 츠빙글리와 함께 마르부르크 회의에 참

에 바젤에 머물고 있던 에라스무스와 신학적 토론을 벌인 것으로 보이는데, 바젤에서 큰 영향력을 행사하던 에라스무스와의 대립은 바젤을 떠나지 않을 수 없게 만들어 곧 베른으로 갔다. 그는 베른에서 설교자로 활동하면서 소책자 세 권을 썼는데,『주기도문 강해』1524,『예배지침서』1525 그리고『신앙개요』1525가 그것이다. 이후 그는 친구 앙투안 소니에Antoine Saunier와 함께 베른을 떠나 1532년 10월 4일 제네바에 도착하였다.

제네바에 도착한 파렐은 제네바 시민들이 이전에 들어 보지 못했던 다소 격렬한 설교를 했다. 그러나 그의 설교가 수용될 수 있는 상황은 아니었고, 도리어 시 당국의 반감을 사서 정착을 허락받을 수 없었다. 그래서 파렐은 친구 소니에와 올리베탕과 함께 제네바를 떠나야 했다.

파렐은 이듬해인 1534년 12월 20일 다시 제네바로 돌아왔고, 이때부터 파렐의 평생의 사역이 시작되었다. 앞서 언급했지만 이때는 제네바시에 주교가 없는 상태였으므로 파렐이 영향력을 발휘하여 개혁운동을 전개할 수 있었다. 즉 1534년 1월 27일에서 2월 3일까지의 제1차 토론과 1535년 5, 6월의 4주간 개최된 제2차 토론을 거쳐 개혁의 불길이 확산되었고, 1535년 8월에는 파렐이 생피에르st. Pierre 성당의 설교자가 되었다. 유명한 가톨릭 대성당에서 프로테스탄트 신앙을 주

석하여 성찬관에 대하여 루터파와 논쟁했다. 츠빙글리, 마르틴 부써와 협력하여 베른의 종교개혁에도 기여했다.

장하는 설교가 행해졌고 성상과 우상은 파괴되기 시작하였다.

드디어 8월 10일에는 미사가 금지되었고 로마 가톨릭의 질서들은 서서히 제거되었다. 이듬해인 1536년 5월 21일에는 제네바 시민들로 구성되는 총회에서 만장일치로 복음주의적 예배만 실시하기로 가결함으로써 이 도시의 종교개혁이 단행되었다. 교회 재산은 시의회가 관할하기로 하는 한편, 취리히에서의 경우처럼 국가교회 형태를 취하기로 하였다. 파렐의 개혁 운동이 가져온 복음주의 신앙의 승리였다.

파렐은 다혈질적이고 목소리가 우렁찬 정열적인 인물이었다. 비록 그가 공식적으로 제네바시가 복음주의 신앙을 채택하도록 하는 데 기여하였으나, 아직도 신조나 신앙고백의 작성, 교리문답의 제정, 예배 형식의 확립, 신앙교육과 훈련, 교회 조직 등 감당해야 할 일들이 산적해 있었다. 제네바는 무질서와 방탕이 심했던 매우 향락적인 도시였고, 제도적으로는 신앙의 개혁이 단행되었음에도 불구하고 당시 제네바의 도덕 수준이나 윤리적 상태가 매우 저급하였다. 성공적인 개혁 운동을 위해서는 누군가의 도움이 절실했다. 특히 조직력을 갖춘 학자적인 인물을 필요로 하고 있었다. 칼빈이 제네바에 도착했을 때가 바로 이런 상황이었다. 이때는 제네바가 개혁신앙을 받아들이기로 결정한 지 꼭 두 달 뒤였다.

2. 칼빈의 제1차 제네바 개혁기(1536-1538)

파렐을 만나다

칼빈은 제네바에서 하루를 묵고 스트라스부르크로 갈 계획이었다. 그러나 칼빈이 제네바에 온 것을 안 파렐은 칼빈에게 찾아가 제네바에 남아서 개혁 운동에 동참해 줄 것을 강권하였다. 파렐과 칼빈의 만남은 극적이었고 역사적인 만남이었다. 칼빈보다 20년 연상인 파렐은 불타는 열정을 드러내며 계속해서 칼빈에게 제네바에 남아 달라고 요구하였다. 칼빈이 자신은 학문 연구에만 진력하겠다며 거듭 파렐의 요청을 거절하자, 파렐은 격앙되어 "당신이 만일 이 절박한 요청을 거절한다면 당신이 학문 속에서 찾는 평안에 하나님의 저주가 있기를 원하노라."라고 선언하였다.

이 순간 칼빈은 심한 충격을 받았다. 파렐의 말이 단순한 권고가 아니라 하나님의 음성으로 들려 왔다. 나중에 칼빈은 "마치 하나님의 강한 손이 나를 붙들기 위하여 하늘로부터 나에게 내려와 나를 잡는 것 같았다."라고 회고했다. 이렇게 되어 하룻밤 유숙하고 떠나려 했던 칼빈은 제네바에 정착하게 되었고, 1536년 8월 중순부터 제네바의 생피에르 성당에서 바울 서신을 강해하는 성경 교사로서의 임무를 시작하였다.

이때 칼빈의 나이는 27세였고 아직까지 그가 '기독교강요'의 저자임을 아는 사람은 극히 적었다. 제네바시 행정담당관의 1536년 9월 5

일자 기록을 보면 파렐에 대해서는 존칭Mag. Guil. Farellus[8]을 쓰고 있지만, 칼빈에 대해서는 이름까지도 생략한 채 그저 '저 프랑스인ille Gallus[9]'이라고만 기록되어 있다. 뿐만 아니라 이듬해인 1537년 2월까지 칼빈에게는 어떤 보수도 지급되지 않았다.

교회의 조직과 예배에 관한 규정

칼빈은 1536년 8월부터 1538년 4월까지 제네바에 체류하며 개혁운동을 전개하였는데, 이 기간을 보통 '제1차 제네바 개혁기'라고 부른다. 이 기간 동안 칼빈은 교회의 조직과 예배에 관한 규정의 제정, 신앙고백서와 신앙문답서 작성 등을 통해 개혁신앙을 확립하고자 했고, 엄격한 치리의 시행을 통해 신앙과 생활의 질서를 확립하고자 했다.

칼빈을 비롯한 제네바의 개혁자들은 1537년 1월 16일 '제네바 교회의 조직과 예배에 관한 조례Articuli de regimine ecclesiae'라는 문서를 작성하여 제네바 시의회에 제출하였다. 이 문서는 종교개혁의 이념과 개혁교회 조직에 관한 기본 이념을 보여 주는 대표적인 문서였다. 주로 칼빈이 그의 '기독교강요'를 바탕으로 작성한 이 문서에서 중요한 내용은 크게 두 가지였다.

첫째, 매 주일 예배 때마다 성찬식을 시행해야 한다고 했다. 당시의 관례로는 성찬식이 연 이삼 회 거행되었으나 칼빈은 매 주일 성찬

---

8. Mag.는 라틴어 magister의 약어로 '교사'를 의미하며, Guil. Farellus는 파렐의 라틴어식 이름이다.
9. Gallus는 '프랑스인'을 뜻하는 라틴어. 로마시대에는 프랑스 지역이 '갈리아'로 불렸다.

식을 시행해야 한다고 보았다. 그는 성찬식이 예수 그리스도와 신자들을 연합해 줄 뿐만 아니라, 바른 성찬식의 시행을 통해 신자의 삶을 변화시킬 수 있다는 점에서 매우 중요하게 여겼다. 그러나 매 주일 성찬을 시행해야 한다는 칼빈의 주장은 당시로서는 받아들이기 어려운 논란거리가 되었다.

둘째, 엄격한 권징勸懲 또는 치리治理의 시행이었다.[10] 이것은 칼빈 신학의 주제이기도 한 성화聖化의 삶을 위한 것이었다. 칼빈은 엄격한 치리를 강조하였는데, 이것은 성찬의 합당한 시행과 더불어 신앙적 삶을 위한 동기에서 강조되었다. 이 문서에서 개혁자들은 성찬이 자격 없는 자들에게 '짓밟히고 더럽혀지지' 않게 하기 위해서, 개선의 여지가 없는 이들에게 수찬정지修餐停止 혹은 출교黜敎할 권한이 교회에 있어야 한다고 주장했다.

그 외에도 이 문서에서는 청소년들의 신앙 교육을 강조하였고, 예배 때 시편송詩篇頌을 부를 것과 결혼법의 개혁을 주장하였다. 앞서 말했듯이 이 문서에서 주장한 성찬식의 매 주일 진행과 치리권의 문제는 제네바에서 많은 논란을 불러 일으켰다. 그래서 칼빈이나 파렐이 의도했던 바대로 교회의 조직과 예배에 관한 규례의 시행이 순조롭게 추진되지 못했다. 결국 성찬식은 월 1회 시행하는 것으로 타협이 이루어졌으나, 출교권의 문제는 개혁자들과 시의회 간의 충돌의 원인이 되었다.

---

10. 권징은 권선징악(勸善懲惡)의 준말이고, 치리는 교회가 성도를 교회법에 따라 다스리는 것이다.

신앙고백서의 작성

칼빈과 파렐은 앞에서 언급한 '제네바 교회의 조직과 예배에 관한 조례' 외에도 1536년 11월 10일에는 흔히 '제네바 신앙고백'이라고 부르는 '신앙고백Confession de foi'을 작성하고 제네바 시의회에 제출하였다. 이 문서는 21개 항의 짧은 항목들로 구성되어 있다고 하여 '21개 신조'라고 불리기도 한다. 이 문서는 특히 로마 가톨릭과 재침례파의 위험을 예견하면서 개혁신앙이 그들과 다르다는 점을 나타내기 위한 목적으로 작성된 것이다. 이 신앙고백서 제1항은 "우리 신앙과 종교의 규칙을 위해 우리는 오직 성경만을 따르기로 작정한다."라고 되어 있고, 하나님, 율법, 구원, 은혜, 정부 등의 주제에 대해 순차적으로 언급하였다.

앞에서 칼빈은 '제네바 교회의 조직과 예배에 관한 조례'에서 청소년 교육을 강조하였다고 말했는데, 칼빈은 청소년 교육을 목적으로 1537년에 '신앙문답'을 작성하였다. 이 문서는 처음에 프랑스어로 작성되어 같은 해에 앞서 언급한 '신앙고백'과 함께 『제네바 교회를 위한 신앙 지침과 신앙고백Instruction et confession de foi dont on use en l'Eglise de Genève』이라는 이름으로 출판되었고, 이후 라틴어로도 번역되었다.

파렐과 칼빈의 추방

칼빈이 신앙고백서를 제출한 이듬해 봄, 곧 1537년 4월, 200인회가 제네바의 온 시민에게 이 고백서를 따르기로 서명하고 날인하게 했다. 제네바시에 남아 있던 로마 가톨릭교도와 날인을 거부하는 자는 제네바를 떠나도록 요구했는데, 이것이 제네바 시민들의 저항을 불러일으켰다. 당시 개혁자들의 엄격한 치리가 많은 사람들에게서 불만의 요인이 되었기 때문이었다.

이와 더불어 개혁자들과 시의회가 치리권_{권징권}의 문제로 대립하였다. 칼빈은 치리권은 교회의 고유 권한이라고 주장했으나 시의회는 취리히의 모범을 따라 치리권을 시의회가 행사해야 한다고 주장하여, 결국 개혁자들과 시의회는 심각하게 대립하게 되었다. 다수의 시의회원들은 교회의 치리권을 인정해 주는 것은 시의회가 권력의 일부를 빼앗기는 것이라고 보고 염려하였다. 그래서 1538년 1월 시의회는 목사들의 출교권을 박탈하였다.

이로써 시의회와 개혁자들 사이에 잠재해 있던 갈등은 1538년에 이르러 첨예한 국면으로 접어들었다. 칼빈과 그의 동료 개혁자들은 그들이 작성한 신앙고백에 반대하고 서명하지 않는 자는 성찬에 참여할 수 없다고 주장했으나, 1538년 1월 4일 시의회는 이를 반대하고 그들에게도 수찬을 허락해야 한다고 결정하였다. 시의회의 이런 결정은 심각한 문제를 야기하였는데, 이 결정은 위정자들이 종교 문제에 간섭할 수 있는 권한을 전제하였기 때문이다.

그래서 칼빈과 파렐은 이에 항의하였으나, 1538년 2월 선거에서 칼빈의 정책을 반대하는 다수가 시의원에 선출되자 사태가 더욱 심각해졌다. 시의회는 1538년 4월 23일 칼빈과 파렐을 제네바에서 추방하기로 결의하고, 사흘 안에 도시를 떠날 것을 요구하였다. 그리하여 칼빈과 파렐은 제네바를 떠나야 했고, 베른과 취리히를 거쳐 6월 초에 바젤로 갔다. 칼빈이 1536년에 제네바에 온 지 꼭 22개월 만이었다.

파렐은 바젤에서 얼마간 체류한 후 뉘사텔Neuchatel 교회의 초청을 받고 그곳으로 갔고 1565년 하나님의 부름을 받기까지 그곳에서 활동했다. 칼빈은 바젤에 체류하며 학문 연구에 진력하기를 원했으나, 스트라스부르크의 부써Martin Bucer가 두 차례나 초청을 했고 볼프강 카피토Wolfgang Capito도 칼빈에게 스트라스부르크로 오도록 요구하여 결국 그곳으로 가기로 하였다. 이번에도 칼빈은 바젤에 남아 '기독교강요' 제2판을 준비하며 학문의 길에 정진하려고 하였으나, 부써의 절박한 요청은 칼빈의 생애에서 또 하나의 전기를 마련하고 있었다.

3. 스트라스부르크에서의 칼빈(1538-1541)

칼빈이 스트라스부르크에 도착했을 때는 1538년 9월이었다. 칼빈은 이때로부터 1541년 8월까지 만 3년간 스트라스부르크에서 활동하였는데, 이 기간의 활동이 칼빈의 생애에 실로 커다란 영향을 주었다. 스트라스부르크에서의 목회와 연구는 성경에 대한 해박한 이해와 신학적 깊이를 더했고, 신앙적 성숙과 더불어 지도자로서의 보다 원숙한 능력을 계발할 수 있었다. 또 스트라스부르크에서 부써 등 개혁자들과 접촉함으로써 많은 것을 배웠는데, 특히 예배와 교회론에 대해서 그러했다.

물론 이 3년간의 활동에 대해서는 부정적 주장단절설과 긍정적 주장연속설이 엇갈리고 있지만, 학자들은 대체로 랑August Lang 교수의 주장에 동의하고 있다. 저명한 칼빈 연구자인 랑은 "칼빈은 이 도시에서 무한히 많은unendlich viel 것을 배웠다. 그는 이곳에 머무는 3년간 마치 다른 사람이 된 것처럼 한층 성숙했다."라고 평가했다.[11]

스트라스부르크는 독일과 프랑스 사이의 라인강 계곡에 위치한 도시로, 강을 수로로 이용하면 남쪽으로는 스위스, 북쪽으로는 저지대 국가들[12]에 쉽게 접근할 수 있다. 이런 지리적 위치 때문에 1254년 이래로 제국 직할의 자유도시로서 문화와 종교, 그리고 상업의 중심지였다. 1523년부터 이곳에 종교개혁 사상이 소개되기 시작했는데, 독일에서 종교개혁이 시작된 지 6년 후였다. 이곳에서는 네 사람의 개혁자들, 곧 마티아스 젤Matthias Zell, 울프강 카피토Wolfgang Capito, 카스파 헤디오Caspar Hedio, 그리고 마르틴 부써Martin Bucer가 상호 협조하면서 개혁을 추진했고, 특히 개신교 정치인 야콥 슈투름Jacob Sturm, 1489-1553이 이들의 개혁 활동을 지원하고 있었다. 야콥 슈투름은 스트라스부르크가 속한 알자스Alsace 지방의 '국부國父'라고 할 만큼 유능한 정치인이었다. 덕분에 스트라스부르크는 종교 문제에 대해 매우 관용적이었으므로 유럽의 여러 나라로부터 종교적 망명객들이 몰려

---

11. August Lang, *Joannas Calvin* (1909), 49.
12. 저지대 국가는 유럽 대륙을 흐르는 큰 강들인 라인강, 에스꼬(스헬더)강, 뫼즈강 등의 하구 삼각주 지역에 위치한 국가들로, 프랑스와 독일 북부 일부, 벨기에, 네덜란드, 룩셈부르크를 가리킨다.

들었다. 교파를 초월한 당시 프랑스의 신앙 공동체들은 이런 배경에서 형성된 것이다.

바로 이 도시에서 개혁 운동에 진력하던 마르틴 부써와 카피토는 제네바를 떠난 칼빈을 초청하여 프랑스에서 박해를 피해 온 피난민들을 위해 목회해 줄 것을 요청한 것이다. 칼빈이 두 차례의 초청을 거절했을 때 부써는 이전에 파렐이 칼빈에게 했던 방식대로 '하나님의 진노'를 들먹이며 칼빈을 위협하였고, 심지어 "하나님께서는 요나처럼 반항하는 종을 어떻게 다루어야 하는지 아신다"라고까지 했다. 칼빈은 스트라스부르크로부터의 부름을 거절할 수 없었다. 칼빈이 스트라스부르크에서 지낸 3년간의 활동은 다음과 같이 몇 가지로 정리될 수 있다.

프랑스 망명객들을 위한 목회

스트라스부르크에서 칼빈의 주된 사역은 프랑스 피난민들을 위한 목회 사역이었다. 목회는 칼빈에게 가장 중요한 사역이었다. 칼빈이 스트라스부르크에 왔을 때가 1538년 9월 초였는데, 첫 설교를 한 날은 9월 8일이었다. 이때부터 칼빈은 목회자로서의 삶을 살게 된다. 신앙의 자유를 찾아 이곳에 온 프랑스인들의 공동체를 칼빈은 '작은 프랑스 교회'라고 불렀다. 이 교회 교인 수는 400명에서 500여 명 정도였던 것으로 알려져 있다.[13] 이들이 생니콜라St. Nicholas 성당에서 회집

---

13. W. de Greef, *The Writings of John Calvin* (Baker, 1993), 30.

하였기 때문에 '생니콜라 교회'라고 불렸다. 칼빈은 정기적인 설교, 성경 강해 외에도 예배 의식의 확립, 교회 음악 발달에도 크게 기여하였다. 칼빈은 부써의 예배 의식을 모방하여 프랑스 피난민교회 예배의식을 확립하였는데, 이것은 후일 개혁교회 예배의 모형이 되었다.

교회 음악에 대한 칼빈의 강조점은 시편송이었다. 그는 라틴어로 부르는 찬양이나 오르간 음악보다는 시편송을 선호하였고 자국어 시편송이 예배 음악이 되어야 한다고 믿었다. 칼빈은, 시편송은 하나님께서 스스로의 영광을 높이시기 위해서 마치 우리 안에서 노래하시는 것처럼 말씀을 우리 입술에 주신 것이라고 보았다. 그에게는 다윗의 시편보다 더 적절한 예배 찬송은 있을 수 없었다. 그래서 그는 자신이 목회하는 프랑스인 교인들을 위해 1539년에 프랑스어 시편찬송집인 『시편찬송Psalmodie』을 편찬하여 출판하였다. 칼빈은 음악이나 음악적 기교보다는 가사와 내용을 강조하였는데, 그가 시편송을 강조했던 이유도 바로 여기에 있다. 그는 복음을 담은 내용이 없는 음악적 기교를 무의미한 것으로 보았다. 곡조는 가사를 위한 것이지, 그 반대일 수는 없다고 보았기 때문이다.

한편 칼빈은 스트라스부르크에서는 월 1회 성찬식을 거행하였다. 칼빈은 성찬식을 미리 예고할 뿐만 아니라 성찬식에 참예할 이들도 미리 신청하도록 했고, 성찬 참예자들의 신앙을 독려하고 죄를 범한 경우 죄를 회개하도록 권고했다. 이것은 합당한 성례를 위해서였다.

성경 연구와 저술 활동

스트라스부르크에서 칼빈의 두 번째 사역은 저술 활동이었다. 그의 저술은 계속된 연구의 결과였고, 자신의 신학 입장을 정립하고 확산해 가는 중요한 작업이었다. 칼빈의 저술 가운데서 대표적인 것은 1536년에 출판된 '기독교강요'를 증보하여 제2판을 출판한 일이다. 제2판은 1539년 라틴어판으로 출판되었고, 제2판의 프랑스어역본은 1541년 출판되었다. 이 책은 1536년 초판에 비해 세 배정도로 증보되었는데, 전 17장 가운데 여섯 개 장은 전혀 새로운 장이고 다른 여섯 개 장은 수정, 증보된 장이었다. 나머지 다섯 개의 장은 1536년 초판의 두 개 장을 확장시킨 것이었다. 그래서 전체적으로 볼 때 '기독교강요' 제2판은 1536년 초판을 증보한 것이라고 할 수 있다.

제2판은 초판 출간 이후의 성경 연구와 성경 강해, 신학과 교회사에 대한 연구로부터 큰 도움을 입었다. 그래서 미국 칼빈신학교 교수였던 루이스 벌코프Louis Berkhof, 1873-1957는 칼빈의 로마서 주석 영역본 서문에서, "만일 칼빈이 '기독교강요'를 쓰면서 동시에 하나님의 말씀을 꾸준히 연구하지 않았다면 '기독교강요' 개정판은 쓸 수 없었을 것이다"라고 말한 바 있다. 또 제2판은 부써Martin Bucer의 영향이 컸던 것으로 알려져 있다. 루터는 칼빈의 '기독교강요' 제2판을 읽고 크게 기뻐하였다고 전해진다.

칼빈은 스트라스부르크에서 성경 주석 집필을 시작하였는데, 칼빈의 주석은 성경 연구와 스트라스부르크에서의 성경 강해의 결과다. 그가 최초로 쓴 성경 주석은 '로마서 주석'이었다. 이 주석은 1540년에 출판되었는데, 칼빈이 제네바에서 시작하였고 스트라스부르크에서 계속했던 바울서신 강의의 산물이었다. 그러므로 칼빈의 주석은 단순히 후대 사람을 위해 의도되었다기보다는 현실 목회에서의 필요에서 나온 목회의 산물이었다고 할 수 있다.

그럼에도 불구하고 그의 주석은 통찰력과 학문적 깊이를 지닌 주석으로서 많은 칭송을 받았다. 그의 주석은 루터의 주석에 비해 역사적이고 철학적인 깊이가 있고, 멜란히톤의 주석과는 달리 난해 구절 해설에 치중하지 않았다. 그리하여 칼빈의 로마서 주석은 루터에게서처럼 복음주의적 신앙의 기초가 되면서도 칼빈 신학의 요체인 구원론을 해명해 주는 책이 되었다.

그는 이 주석에서 로마서의 주제argumentum를 교리적으로 분석하고 그 신학적 의미를 해명하였다. 칼빈은 히에로니무스Hieronymus의 라틴어 성경인 '불가타Vulgata 성경'405년 완역에 의존하지 않고 에라스무스가 편집한 헬라어 신약성경 『표준 원문Textus Receptus』1527년판 등의 성경을 근거로 주석했는데, 당시로서는 획기적인 일이었다. 이렇게 시작된 칼빈의 주석 집필은 약 20년에 걸친 긴 기간 동안 계속되어 요한계시록을 제외한 모든 성경의 주석을 집필하였다. 그의 신약성경 주석은 1550년대까지 대부분이 출판되었다. 구약의 첫 주석은 1551년에 출판된 이사야서 주석이었고, 그의 마지막 주석은 여호수아서 주석이었다.

스트라스부르크에서 저술한 칼빈의 또 한 가지 중요한 문서는 '사돌레토에게 보내는 답변Responsio ad Sadoleti epistolam'인데, 이 문서는 칼빈의 가장 중요한 작품 중의 하나로 알려져 있다. 특히 칼빈이 남긴 논쟁적 저술 중에서 이 편지는 교회개혁의 의의와 목적, 필요성을 설득력 있는 필치로 서술하였다. 자코포 사돌레토Jacopo Sadoleto of Modena, 1477-1547는 프랑스 도피네 지방 카르팡트라스Carpentras의 주교이자 1536년 추기경이 된 인물인데, 칼빈과 파렐이 제네바를 떠난 틈을 타서 제네바 시민들에게 종교개혁을 반대하는 편지를 보냈다.

라틴어로 쓴 이 편지에서 사돌레토는 개혁자들의 활동을 비판하고 시민들에게 로마 가톨릭으로 복귀하라고 권고하였다. 이 편지가 스트라스부르크에 있던 칼빈에게 전달되자 칼빈이 격분하여 사돌레토 추기경의 편지를 반박하는 형식의 글을 썼는데, 이것이 '사돌레토에게 보내는 답변'이다. 1539년 9월 1일자로 된 이 편지 형식의 글은 6일 만에 썼는데, 사돌레토의 주장과 요구를 명쾌하게 반박하고 있다.

이상의 문서들 외에도 칼빈은 『기도서』1540년, 『성찬에 관한 소논문』1541년을 각각 출판하였다. '성찬에 관한 소논문'은 성만찬에 대한 견해차가 종교개혁을 지지하는 이들을 분열시키고 있는 현실을 염려하면서 쓴 작품이다. 60개항으로 이루어진 간단하고도 명료한 저술이어서 성찬 교리에 대한 지침서로 쓰기에 적절한 것이었다. 칼빈은 이 책에서 로마 가톨릭의 성찬관을 비판하였고, 루터와 츠빙글리의 견해차에 대해 상호 이해를 모색하였다. 그리고 칼빈은 이 글에서 성찬을 빈번히 시행해야 할 필요성을 제시하고, 경외심 없는 성찬 참여가 죄악임을 강조하였다.

칼빈의 이 책이 1545년에 라틴어로 출판되자 루터도 이 책을 읽었던 것으로 알려져 있다. 멜란히톤의 사위였던 크리스토프 페첼 Christoph Pezel의 기록에 따르면, 루터는 이 책을 읽고 크게 칭찬하면서 "나의 논적이 이전에 이와 같은 훌륭한 저서를 발간했더라면 우리는 그들과 일찍부터 화해했을 것이다."라고 했다고 전한다.[14] 특히 주목할 한 가지는, 성만찬에 관한 칼빈의 이 글에는 성례에서 그리스도의 영적 임재를 주장한 마르틴 부써의 영향이 나타나고 있다는 점이다.

결혼 생활

한편 칼빈은 이곳 스트라스부르크에서 파렐의 주례로 1540년 8월 6일 결혼했다. 이때 칼빈의 나이가 31세였다. 그의 아내는 벨기에 리에주Liege의 장 스토르되르Jean Stordeur의 미망인이었던 이들레트 드 뷰흐Idelette de Bure였다. 남편과 함께 재침례교도였으나 칼빈의 인도로 스트라스부르크의 개혁교회로 돌아온 여성으로, 1540년 봄에 남편이 페스트로 사망하자 혼자 두 남매를 키우고 있던 과부였다.

칼빈이 결혼을 생각한 때가 언제부터인지는 분명치 않으나 문헌상으로는 1539년 5월 19일자로 파렐에게 쓴 편지에서 결혼을 생각하기 시작했다는 기록이 남아 있다. 이 글에서 칼빈은 자기가 원하는 부인상像은 정숙하고 자상하며, 까다롭지 않고 검소하고, 인내성 있는 성격의 소유자로서 자기 건강을 보살펴 줄 수 있는 여인이라고 말했다.

---

14. John T. McNeil, *The History and Character of Calvinism* (Oxford Univ. Press, 1973), 153.

칼빈의 병약함에 대해서는 널리 알려져 있지만, 그는 '이동하는 종합 병원'이라고 불렸다.

칼빈의 결혼 생활은 건강 문제 외에는 순탄하고 행복하였다. 그러나 불행하게도 부인마저도 건강이 좋지 못했다. 결혼한 지 겨우 9년 뒤인 1549년 3월 29일 이들레트는 세상을 떠났다. 칼빈은 1549년 4월 7일과 10일 비레와 파렐에게 보낸 편지에서 자기 아내가 최근 세상을 떠났다고 했는데, 이 편지에는 아내와의 사별로 인한 인간적인 아픔이 그대로 나타나 있다.

1542년 7월 28일 칼빈과 이들레트 사이에서 조산아로 태어난 아이가 있었으나 두 달 후인 9월 19일 사망했다. 이때 쓴 칼빈의 편지가 남아 있는데, 그는 아들의 죽음은 '심한 상처'이나 "우리 아버지는 자기 자녀들에게 가장 좋은 것이 무엇인지 아신다"라고 하며 믿음 안에서 위로를 구했다. 칼빈은 9년간의 결혼생활 끝에 이들레트와 사별했으나 다시 결혼하지 않고 평생을 독신으로 지냈다. 그를 비난하기 위해서 쓴 어느 기록에 보면 칼빈의 아내가 답답함과 지루함을 견디지 못해 죽었다고 했지만, 이것은 모함임에 틀림없다.

다른 개혁자들과의 교제

칼빈의 세 번째 사역은 다른 개혁자들과의 교제였다. 칼빈은 스트라스부르크에 체류하는 동안 스트라스부르크 개혁자들인 부써, 카피토 등과 긴밀히 교제함으로써 많은 영향을 받았다. 특히 마르틴 부써와의 교제를 통해 예배와 교회론에 관하여 많은 것을 얻었다. 또

한 스트라스부르크를 대표하여 프랑크푸르트Frankfurt, 1539, 하게나우
Hagenau, 1540, 보름스Worms, 1540-1541, 레겐스부르크Regensburg, 1541 등
지의 종교 토론회에 참여함으로써 여러 지역의 개혁자들과 교제하며
자신과 다른 프로테스탄트 동료들과의 신학적 일치와 차이를 확인할
수 있었다. 교회 연합을 위한 여러 회의에 참석한 것에서 칼빈 또한 부
써와 마찬가지로 교회 연합에도 깊은 관심이 있었음을 알 수 있다.

1539년 2월 프랑크푸르트회의는 신성로마제국 황제 카를 5세
Charles V가 터키와의 일전을 앞두고 기독교 세계의 연합을 위한 목적
으로 소집한 회의였는데, 칼빈은 요하네스 스트룸Johannes Sturm, 1507-
1589과 함께 이 회의에 참가했다. 이 회의에서 칼빈은 비로소 멜란히
톤을 만났다. 칼빈은 르페브르Lufevre, 파렐, 올리베탕 등을 통해 프랑
스 종교개혁에 대해서는 친숙히 알고 있었지만 독일 종교개혁에 대해
서는 깊이 알지 못했다. 그러나 스트라스부르크로 이주해 온 이후 부
써를 통해 독일에서의 종교개혁 운동을 접하게 되었고, 특히 루터파
인 멜란히톤을 통해 성찬관과 교회 문제에 대한 의견을 교환하고 많
은 유익을 얻었다. 칼빈은 멜란히톤과의 교제를 통해 루터파의 진수
를 알게 되었다고 할 수 있다.

프랑크푸르트회의에서의 칼빈과 멜란히톤의 교제는 서로에게 유
익을 끼쳤고 개혁의 정신을 공유할 수 있었다. 이와 같은 교제를 통해
칼빈의 박학함과 신학적 깊이를 확인한 멜란히톤은 칼빈이야말로 진
정한 의미의 신학자라는 점에서 그를 '그 신학자ille theologus'라고 불
렀다. 후일 칼빈은 멜란히톤의 『신학요의Loci Communes』를 불어로 번

역했고 멜랑히톤은 칼빈이 세르베투스Michael Servetus 사건[15]으로 비난
받았을 때 칼빈을 지지했다. 이러한 일들은 두 사람의 친밀한 관계를
보여 준다.

여기서 한 가지 생각해 볼 문제가 있다. 칼빈과 루터가 만난 일이
있었을까? 매우 흥미로운 질문이 아닐 수 없다. 루터와 칼빈 두 사람
다 서로를 만나기를 희망하였다. 두 사람은 서로의 작품을 읽었고 문
서와 서신으로 교류한 적은 있었으나 직접 만난 일은 없었던 것으로
밝혀져 있다. 칼빈은 그가 참석하는 종교회의에서 루터를 만나기로
약속했었으나, 루터가 병이 나서 불참하였으므로 두 사람 간의 역사
적인 대면은 무산되었다.

칼빈이 루터에게 보낸 한 통의 서신이 남아 있다. 1541년 1월 21일
자로 기록된 이 편지에서 칼빈은 "그리스도교회의 위대한 목사 마르
틴 루터 박사, 나의 가장 존경하는 사부師父께"라는 글로 시작하였다.[16]
칼빈은 자신의 저작들 몇 편을 루터에게 보내면서 동봉한 이 편지에
서 루터의 자문과 충고를 요청하고 있는데, 이 편지 마지막 부분에서
는 루터를 다시금 "가장 저명한 분이자 그리스도의 가장 탁월한 사역

---

15. 스페인 출신 신학자인 세르베투스는 삼위일체론을 부정하는 자신의 사상을 유포하다
    가 1553년 제네바시 당국에 체포되어 이단으로 정죄되고 화형을 당했다. 이 일로 세
    속 정부가 종교적 사안에 대해 사형을 집행할 수 있는지에 대한 논란이 일었고, 칼빈
    도 사형 집행에 동조했다는 이유로 크게 비난을 받았다.
16. 앞서 말한 바와 같이 칼빈은 루터나 츠빙글리에 비해 한 세대 후배로, 루터(1483)가
    칼빈(1509)보다 열여섯 살이 많았다.

자이며 나의 가장 존경하는 사부"라고 불렀다.[17] 루터와 칼빈 두 사람은 비록 직접 대면하지는 못했으나 서로를 존중하며 함께 하나님 나라에 대한 책임을 감당하였다.

이와 같이 스트라스부르크에서 보낸 3년은 칼빈에게 실로 유익한 날들이었다. 이 기간 동안의 그의 목회, 연구와 저술, 다른 개혁자들과의 교제는 칼빈을 더욱 원숙한 신학자로 이끌어 갔다. 특히 이 기간에는 부써로부터 받은 영향이 두드러진다. 특히 칼빈의 개혁교회적 성례 이해, 예배 의식, 교회 정치, 치리와 훈련, 그리고 장로 제도 등은 부써에게서 받은 신학적 영향이었다. 한 가지 분명한 사실은, 이 시기에 비록 제네바를 떠나 있었으나 칼빈은 제네바를 잊지 않고 있었다는 사실이다. 칼빈의 편지를 보면 그가 제네바의 상황에 대해서도 늘 관심을 가지고 있었음을 알 수 있다.

4. 칼빈의 제2차 제네바 개혁기(1541-1564)

칼빈이 제네바를 떠나 있는 3년간 제네바에는 많은 변화가 있었다. 무엇보다도 이곳에서의 정치적인 변화, 사회적 혼란과 무질서는 칼빈의 귀환을 필요로 하는 상황을 만들어 가고 있었다. 칼빈이 없는 제네바에서는 종교적으로는 물론이거니와 정치적으로나 사회적으로도 많

---

17. John Calvin, *Letters of John Calvin* (The Banner of Truth Trust, 1980), 71-73.

제네바의 개혁자 칼빈
Österreichische Nationalbibliothek - Austrian National Library 소장 작품.

은 문제가 발생하였다. 예컨대, 프랑스와 베른이 제네바의 독립을 위협하고 있었으므로 이에 대항할 유능한 지도자가 필요한 상황이었다. 사돌레토에게 보낸 칼빈의 명쾌한 답변은 더 이상 논쟁이 이어질 수 없게 만들었는데, 그 결과 칼빈과 같은 유능한 인물을 추방한 것은 잘못이라는 정서가 제네바 시민들 사이에서 크게 일어났다.

이렇게 되자 칼빈의 제네바 귀환을 요구하는 목소리가 점점 커지게 되었고, 제네바 시의회는 칼빈의 귀환을 요청하게 된다. 1540년 9

월 21일 제네바 시의회는 칼빈의 귀환을 공식적으로 요청하는 대표단을 파견하기로 결의하였다. 이어서 그 해 10월과 11월에 여러 방면으로 칼빈에게 제네바로의 귀환을 요청했다.

칼빈의 제네바 귀환

칼빈은 몇 차례의 귀환 요청을 받고도 제네바로 돌아가기를 주저하였다. 그러던 중 1541년 2월 말에 파렐의 편지를 받았다. 이번에도 파렐은 강력한 어조로 칼빈의 제네바 귀환을 권고하며 "제네바의 돌들이 오라고 부르짖을 때까지 기다리겠느냐?"라고 질책하였다. 다시금 칼빈은 파렐의 권고를 하나님의 지시로 알고 제네바로 돌아가기로 결심하였다. 1541년 5월 1일에는 제네바시 소의회가 1538년 4월 23일에 결의했던 칼빈과 파렐의 추방령을 취소하고 칼빈에게 초청장을 보냈다. 사태가 호전되자 칼빈은 더 이상 지체할 수 없었다.

칼빈이 스트라스부르크를 떠나 제네바로의 여행을 시작한 날은 1541년 9월 1일이었다. 칼빈은 뇌샤텔과 베른을 거쳐 9월 13일 화요일에 제네바에 도착하였다. 칼빈은 시험적으로 6개월 정도만 제네바에 체류하려는 계획이었으나,[18] 하나님의 섭리는 6개월이 아니라 이날로부터 무려 23년간, 그가 하나님의 부름을 받았던 1564년까지 남은 전 생애를 그곳 제네바에서 일하도록 인도하셨다. 이것은 인간의 생각을 초월하는 하나님의 특별한 경륜이었다. 제네바로 돌아온 칼빈은 1538

---

18. William R. Estep, *Renaissance and Reformation* (Eerdmans, 1989), 240.

다시 제네바로 돌아오는 칼빈(1541)
Rijksmuseum 소장 작품.

년에 제네바를 떠나며 중단했던 설교 본문을 이어서 다시 설교하기 시작했다. 이렇게 함으로써 지난 3년간의 스트라스부르크 생활이 단지 직무상 떠나 있었던 것임을 보여 주고자 했다.

제네바로 돌아온 칼빈에게 가장 시급한 과제는 제네바교회를 조직하고 교회 규정을 확립하며 제네바시를 영적으로 그리고 도덕적으로 개혁하는 일이었다. 그래서 칼빈이 제네바로 귀환한 때로부터 약 10년간, 곧 1541년부터 1553년까지는 칼빈 개인에게만이 아니라 전 종교개혁사에서 중요한 시기가 되었다. 칼빈이 교회 규정과 치리제도의 확립을 위해 치열하게 투쟁했던 이 기간을 에스텝William R. Estep 교수

는 교회개혁을 위한 '고투기the years of struggle'라고 불렀다.[19]

칼빈은 제네바시를 훌륭한 복음주의 도시로 만들기 위해 고투했다. 칼빈의 제네바시 개혁은 자유, 질서, 훈련치리이라는 세 가지에 유의하여 진행되었고, 교회 규정을 법제화하는 과정도 마찬가지였다. 이것은 그가 스트라스부르크에 있는 동안 전해 들어 알게 된 독일 개혁운동에 대한 반성적 성찰의 결과였다.

'교회 규정'의 작성(1541)

칼빈은 스트라스부르크에서 독일의 여러 개혁자들과 만나고 보름스, 프랑크푸르트, 레겐스부르크 등지에서 개최된 교회회의에 참석하면서, 독일에서의 개혁 운동이 미진하고 신자들에 대한 훈련이 부족하여 많은 문제가 발생하고 있음을 알게 되었다. 그래서 칼빈은 제네바시에서는 질서와 훈련을 강조하게 되었다.

칼빈은 제네바로 귀환한 지 약 두 달 후인 1541년 11월 20일, 교회법 혹은 교회헌법이라고 할 수 있는 『교회 규정Les ordonnances ecclésiastiques』을 작성하여 시의회에 제출하였다. 이 문서는 약간의 수정을 거쳐 1542년 1월 2일에 시의회에서 채택되었다. 이 문서에서는 1539년의 '기독교강요' 제2판에서 제시되었던 것처럼 네 종의 직분을 두었는데, 그것은 목사Pasteurs, 교사Docteurs, 장로Anciens, 집사Diacres였다엡4:11 참고. 칼빈은 신약성경의 원리에 따라 이상의 네 직분, 곧 목

---

19. William R. Estep, 245.

사, 교사, 장로, 집사직이 하나님께서 정하신 직분Jus Divinum이라고 본 것이다.

교회생활과 일상생활에서의 질서와 훈련치리을 위한 헌법적 규정이라고 말할 수 있는 이 문서에 따르면, 목사는 하나님의 말씀을 설교하고 성례를 집행할 책임을 지며, 교사는 교리를 순수하게 지키고 자격 있는 목사를 양성하는 신앙 교육의 의무가 있다. 그리고 장로는 시민의 생활을 감독하여 그릇된 행동을 사랑으로 징계함으로써 바른 길로 인도할 의무가 있다. 칼빈은 장로들을 제네바시의 각 구역에서 선출하여 교회 헌법과 규칙이 잘 이행되는지를 살피며 감독케 하였다. 집사에게는 가난한 사람들을 돌보고 구빈원救貧院, hôpital général[20]을 운영하는 일이 위임되었다.

칼빈은 이와 같은 네 종의 직분을 통해 제네바교회뿐만 아니라 제네바시의 개혁과 시민들의 훈련을 감당하도록 한 것이다. 칼빈은 국가의 독립성을 인정하면서도 교회와의 긴밀한 관계 속에 두었다.

감독회

이처럼 칼빈은 교회의 직분을 세워 제네바시의 질서를 유지하고자 했는데, 이와 같은 형태가 소위 '신정정치神政政治, Theocracy'이다. 칼빈은 제네바시의 목사와 장로들로 구성되는 감사위원회, 곧 감독회監督會, Consistorium를 구성하였다. 이것을 '종교법원', '치리법원', 혹은 '종

---

20. 현대에 '병원'을 의미하는 프랑스어 hôpital은 19세기 이전에는 자선시설을 의미했다.

무국宗務局' 등으로 번역하는데, 오늘날 장로교회의 당회와 같은 성격이라고 할 수 있다. 감독회의 가장 중요한 임무는 제네바시의 질서를 유지하고 시민들을 정화하기 위한 치리를 담당하는 것으로, 12명의 목사와 12명의 장로들, 곧 24명으로 구성되었다. 감독회의 12명의 장로는 소의회에서 두 명, 60인회에서 네 명, 200인회에서 여섯 명이 파송되었다.

그러나 이 감독회는 시민국가 법정이 아니라 어디까지나 교회에 속한 교회의 치리 기관이었다. 그래서 이곳에서의 치리는 수찬 정지와 출교까지 가능했고, 그 이상의 것은 제네바시의 법으로 다스려졌다. 어떤 기록에 따르면 칼빈이 귀환한 첫 5년간 제네바시에서는 56건의 사형과 78건의 추방이 선고되었다고 했다. 이러한 엄격한 법 집행에 따라 제네바시의 도덕과 풍속은 크게 변화되었다. 도박이 사라졌고 음행은 현저하게 줄어들었으며 사치스러운 무도회는 금지되었다. 시민의 오락을 전부 금지할 수는 없으므로 제네바시의 다섯 개 처를 지정하여 그곳에서는 적당한 오락과 음주를 할 수 있도록 하는 매우 합리적인 조치도 내렸다.

칼빈에게 치리와 권징은 매우 중요한 문제였다. 왜냐하면 그것은 교회의 순수성을 유지하는 일일 뿐만 아니라, 성화의 삶을 이끌어 간다고 보았기 때문이다. 현실적으로 중세 말기 교회와 성직자들의 타락, 사회의 무질서와 부도덕성은 삶의 전 영역에서의 개혁을 요구하고 있었다.

제네바 시민이 규율을 위반한 경우에는 우선 개인적으로 장로들의 훈계를 들었고, 그것이 효과가 없을 경우에는 증인들 앞에서 훈계를 받아야 했다. 그것도 효과가 없을 경우에는 그 이상의 치리, 곧 수찬정지를 당했다. 이보다 더 무거운 치리는 출교였다. 제네바 시장이자 카드 제조업자였던 피에르 아모Pierre Ameaux, 제네바 경비사령관이었던 아미 페렝Ami Perin, 그리고 장 파브르Jean Favre 등은 도덕적 이유로, 후에 언급할 세바스티앙 카스텔리옹Sebastien Castellion, 제롬 볼섹Jerome Bolsec, 미카엘 세르베투스Michael Servetus 등은 교리적인 이유로 징계를 받았다. 제네바 감독회가 행한 치리는 그 엄격성이 도를 넘었다는 주장이 없지 않았고,[21] 오랫동안 격한 비난의 대상이 되기도 했다.

칼빈의 교회와 사회 제도의 개혁은 1555년에 이르러 거의 이루어져서 제네바에서는 소위 신정정치 체제가 확립되었다. 그러나 역사학자 존 브랫은 '신정정치'라는 표현이 칼빈의 제네바 개혁 운동이 이룬 결과에 대한 적절한 표현이 될 수 없다며, '성경적 통치Bibliocracy'라고 명명해야 한다고 주장한다.[22]

청소년 신앙교육을 위한 규정

앞에서 언급하였듯이 칼빈의 '교회 규정'에서는 제네바교회의 개혁, 곧 교회의 제도와 규정을 확립하고 훈련과 치리를 시행하였는데, 그중에서도 청소년 신앙교육 규정은 칼빈에게 매우 중요한 것이었

---

21. 부모를 때린 소녀를 참수한 일이 있었고, 1545년 전염병이 돌 때 25명을 마녀(魔女)로 판정하고 화형에 처한 일도 있었다. R. T. Jones, 『기독교 개혁사』(나침반, 1990), 187.
22. Bratt, 30.

다. 그래서 그는 1542년 청소년을 교육하기 위한 『제네바 신앙문답*Le Catéchisme de l'église de Genève*』을 출판하였다. 이 신앙문답서는 이름 그대로 '교리문답서'라고도 불리는데, 스트라스부르크에서 목회할 때 사용하였던 것을 제네바의 형편에 맞게 수정, 보완한 것이었다.

이 신앙문답서의 내용은 사도신경, 십계명, 주기도문, 성례세례와 성찬, 교리 순으로 배열되어 있었다. 이 문서는 앞서 언급한 '교회 규정'과 함께 예배와 교육에 관한 중요한 문서였다. 그리고 또 한 가지 문서는 예배 모범에 관한 문서로서 『교회의 기도와 찬송*La forme des prières et chants ecclésiastiques*』이라는 문서였다. 예배 모임에 관한 이 문서는 스트라스부르크에서 사용하던 파렐의 『의식서*La Maniere et fasson*』에서 차용해 온 것으로서, 제네바교회 예배에 관한 문서였다.

이상의 세 가지 문서는 칼빈의 교회관과 예배관의 일면을 보여 주는 문서라고 할 수 있는데, 칼빈이 스트라스부르크 목회 생활에서 얻은 실제 경험들이 이런 문서 작성에 많은 영향을 주었다. 특히 주목할 것은 칼빈의 교회관과 예배관은 스트라스부르크의 개혁자 마르틴 부써에게서 지대한 영향을 받았다는 점이다.

제네바 아카데미의 설립

칼빈의 개혁 활동에서 한 가지 중요한 것은 제네바 아카데미공식 명칭은 Leges Academiae Genevensis라는 교육기관의 설립이다. 물론 제네바는 종교개혁이 시작되면서부터 공적인 교육기관을 갖고 있었다. 1536년에는 파렐에 의해 중등학교collège가 설립되었는데, 칼빈은 이 학교에 대학 교육 과정을 설치하려 계획한 적이 있었다. 칼빈은 '미래의 씨앗을 육성할 필요성'을 느끼고 1541년부터 교육기관 설립을 준비하였던 것으로 알려져 있다. 그러나 그동안 제네바 개혁 운동에 대한 여러 반대자들과의 투쟁 때문에 그 뜻을 이루지 못하다가 1559년에 와서야 이를 구체화할 수 있게 되었다. 이 당시 제네바와 인접해 있는 베른에서 시 당국과 그곳의 로잔 아카데미 교수들 사이의 갈등 때문에 몇몇 교수가 해임되고 제네바로 이주해 오자, 칼빈은 이들의 협조를 얻어 제네바 아카데미를 설립할 수 있게 된 것이었다. 1559년 5월에 소의회에 대학 설립 허가를 얻고 6월 2일 정식 개교하게 되었다.

개교할 당시 첫 입학생은 162명이었다. 학장 겸 헬라어 교수로는 테오도르 베자Theodore Beza, 1519-1605가 임명되었다. 개교식에서 베자는 '학교의 기원, 가치, 필요성 그리고 유용성'에 대해 강연했다. 칼빈의 친척이기도 했던 베자는 후일 칼빈을 계승하여 제네바교회의 지도자가 되었고, 최초로 칼빈의 전기를 썼던 인물이기도 하다.

제네바 아카데미는 분명한 교육 이념, 잘 짜인 교육 목표, 우수한 교수진 등으로 유럽에서 명성을 얻어 곧 그 영향력이 독일 루터파 신학의 중심지였던 비텐베르크대학을 능가하게 되었다. 설립된 지 5년 후에는 약 300명의 학생이 등록하였고 이 아카데미의 부속기관이었던 신학예비과정college에는 천 명 이상의 학생이 적을 두고 있었다. 1564년에는 1,500명,[23] 1565년에는 전체 학생이 1,600명에 달했다

---

23. W. de Greef, 56.

칼빈의 후계자 테오도르 베자
Rijksmuseum 소장 작품.

고 한다.[24] 제네바 아카데미에서는 성경언어와 철학, 변증학, 신학 등이 교수되었고, 아카데미의 예비과정에서는 고전어와 고전古典, 논리학 등 교양 과정이 주로 교수되었다. 이때는 아직 다른 학문들은 신학을 위한 준비 과정으로 여겨졌으므로 신학이 '모든 학문의 여왕regina scientiarum'이라 불렸다.

---

24. Bratt, 25.

이 제네바 아카데미는 수많은 설교자와 교수, 교사들의 양성소가 되었고 유럽 전역에 개혁신앙을 보급하는 근원지가 되었다. 이 학교에서 수학한 젊은이들이 각기 본국으로 돌아가 개혁신앙을 유지, 계승, 발전시키는 데 크게 기여하였으므로 제네바 아카데미가 끼친 영향은 실로 지대했다.

우르시누스Zacharias Ursinus와 함께 '하이델베르크 신앙문답'을 작성했던 카스파르 올레비아누스Caspar Olevianus, 1536-1587도 이때 제네바에서 수학한 학생이었다. 후대에 아르미니우스주의 논쟁으로 불리는 격한 논쟁의 원인을 제공한 아르미니우스도 이 학교에서 수학했다. 칼빈은 제네바 아카데미를 설립한 후 유럽의 여러 교회에 보낸 편지에서 "당신들은 통나무를 보내 주십시오. 그러면 우리는 불붙는 장작을 만들어 보내드리겠습니다."라고 했는데, 이 말은 진실이었다. 그의 말처럼 유럽 각국으로부터 몰려온 젊은이들이 개혁신앙에 대한 열정과 확신을 가지고 본국으로 돌아갔던 것이다.

후기의 집필 활동

칼빈에게 휴식이란 낯선 일이었고 사치였다. 그는 그의 사역 말기에 해당하는 1550년대 말에도 쉴 줄을 모르는 왕성한 활동을 계속하였다. 그는 정기적인 설교와 강의, 교수와 집필, 상담과 면담 등으로 바쁜 나날을 보냈다. 현재 출판되어 있는 59권의 『칼빈 전집Ioannis

Calvini opera quae supersunt omnia』[25]만 보더라도 그의 저술과 집필활동이 얼마나 방대하며 광범위했는가를 짐작할 수 있다.

그의 집필 중에서 성경 주석과 '기독교강요'의 증보가 대표적인 것이었다. 1540년에 처음으로 로마서 주석을 출간한 이후 칼빈의 주석 집필은 계속되어 구약 주석으로는 1554년 시편과 호세아서 주석, 1559년 이사야서 주석 및 소선지서 주석, 1561년 다니엘서 주석, 1563년 모세오경, 예레미야서, 애가서 주석이 출간되었고, 하나님의 부르심을 받은 1564년까지도 칼빈은 마지막 주석인 여호수아서 주석을 집필하고 있었다. 이와 같은 주석 집필은 교의학적 관심뿐만 아니라 주석학적 관심을 반영하고 있다.

칼빈은 1536년에 '기독교강요' 초판을 발간한 이래 계속 증보하여 1559년에 결정판을 출간하였다. 1558년에는 극도로 쇠약한 상태에 있었으나 증보하는 일에 열정을 쏟았고, 드디어는 사도신경의 구조를 따른 전 4권 80장으로 된 최종판 '기독교강요'를 출판하게 된 것이다.

5. 칼빈의 죽음과 개혁신앙의 확산

1541년에 칼빈이 제네바로 귀환한 이후 전개된 일련의 개혁 운동

---

25. 종교개혁가 작품집(Corpus Reformatorum, 총 101권, CR로 표기) 중 CR 29-87에 해당한다. 멜란히톤(CR 1-28), 츠빙글리(CR 88-101)의 책들이 이 작품집에 포함되어 있다.

은 많은 반대와 저항에 부딪치기도 했으나, 1555년에 이르러 엄격한 치리와 질서가 확립됨으로써 제네바는 종교개혁과 개혁교회의 중심지로 변화되었다. 제네바는 종교개혁 운동의 구심점이 될 수 있는 외적 요인들을 지니고 있었다. 여러 나라와 인접해 있었으므로 각 나라들로부터 종교적 박해를 피해 온 피난민들이 모여 들면서 복음주의적인 개혁신앙의 본거지로 인식된 것이다.

1540년부터 1564년까지 프랑스, 이탈리아, 스코틀랜드, 네덜란드 등지에서 거의 천 명이나 되는 외국인들이 신앙의 자유를 찾아 제네바로 모여들었다. 스코틀랜드의 위대한 개혁자이자 그곳에 장로교회의 기초를 놓았던 존 녹스John Knox, 1513-1572도 그렇게 이주해 왔던 사람 중의 하나였다. 녹스는 제네바에 대해 말하면서 '사도시대 이래 지상에 결코 있어 본 일이 없는 가장 완전한 그리스도의 학교'라고 평가하였다.[26] 제네바는 유럽 대륙에 개혁의 빛을 전파하는 '영적인 모국母國'의 역할을 감당하였다.

칼빈에게 건강은 전 생애에 걸쳐 가장 힘겨운 도전자였다. 그는 원래 병약한 체질이었고, 개혁을 위한 과중한 업무 때문에 밤에 충분한 수면을 취하지 못했고 세끼의 식사를 채우지 못하는 경우가 적지 않았다. 주변의 여러 사람들로부터 휴식을 취하도록 요청받기도 했으나, 칼빈은 "당신은 주께서 나를 게으르다고 책망하시기를 원하는가?" 하고 반문할 따름이었다. 심지어 그는 꼭 참석해야 하는 모임이라면 들

---

26. Pillip Schaff, *History of the Christian Church*, VIII (Eerdman, 1910), 518.

것에 실려서까지 참석한 일도 있었다.

비록 건강이 좋지 못했으나 1563년 초까지는 그래도 정상적으로 일을 할 수 있었다. 그러나 점차 건강은 약화되었고 기력은 쇠약해져 갔다. 그가 친구 비레Viret에게 보낸 편지에 따르면 그의 나이 33세 때인 1542년에 벌써 시력이 약화되고 있다는 언급이 있고, 말년에는 치질, 두통과 위장병이 심했으며, 무엇보다도 폐가 좋지 못해 활동에 제약을 받았다.

1564년에 이르러 그의 건강은 더욱 악화되어 그해 2월 6일에는 생 피에르교회당에서 마지막 설교를 하였고, 이후 임종할 때까지 상한 몸을 가누며 여호수아서 주석을 집필하는데 마지막 정열을 쏟았다. 그해 4월 25일에는 이 땅에서 남은 날이 길지 않음을 예견하여 유언을 남겼고, 5월에는 오랜 개혁 운동의 동료이자 칼빈 생애의 커다란 전환점을 가져다주었던 파렐에게 편지를 썼다. 5월 2일자로 된 이 편지는 칼빈의 마지막 편지가 되었다. 이 편지에서 칼빈은 파렐에게 마지막 날들을 함께 보내자고 부탁하였다.

칼빈은 1564년 5월 27일 토요일에 베자의 품 안에서 운명함으로써 이 땅에서의 55년간의 생애를 마감하였다. 그는 자신에게 주어진 소명을 신실하게 감당하고 약속의 나라로 옮겨간 것이다. 그는 임종할 때까지 맑은 정신을 유지하고 있었고, 시편 39편 9절인 "내가 잠잠하고 입을 열지 아니하옴은 주께서 이를 행하신 연고니라"라는 말씀을 암송하고 있었다고 한다.

이튿날 그의 장례식은 검소하게 치러졌고, 그의 시신은 제네바 시

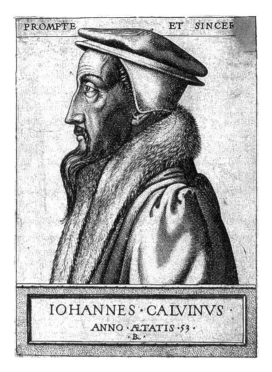

PROMPTE   ET SINCER[

IOHANNES · CALVINVS ·
ANNO · ÆTATIS · 53 ·
· B ·

53세 당시의 칼빈
Rijksmuseum 소장 작품.

내의 플랑팔레Plainpalais 묘지에 어떤 비문이나 묘표도 없이 평범하게
안장되었다. 이것은 칼빈의 유언에 따른 것이었다. 사람이 무슨 자랑
할 만한 것이 있다고 무덤에까지 업적을 새겨 두겠는가? '오직 하나님
께만 영광Soli Deo gloria.' 이것이 칼빈의 삶의 목표이자 그의 생애를 이
끌어 간 삶의 철학이었다. 그리하여 모세의 경우처럼 '오늘까지 그의
묻힌 곳을 아는 자가 없도록'신34:6 하였다. 그렇다면 'J. C.'라는 이니
셜이 새겨진 실존하는 칼빈의 무덤과 묘표는 무엇인가? 저명한 칼빈

연구가인 두메르고Emile Doumergue는 관광업자들이 관광 수입을 올리기 위해 만든 가묘假墓라고 했다.

칼빈의 임종을 지켜본 베자는 그가 쓴 칼빈 전기에서 이렇게 기록하였다. "나는 칼빈의 생활을 16년간 옆에서 지켜보았다. …… 그는 더 이상 첨가할 수도, 더 이상 감할 수도 없는 참된 그리스도인이었다." 그리고 베자는 칼빈의 죽음에 대해서 다음과 같은 기록을 남겨두었다. "해가 지는 그날, 지상에서 하나님의 교회를 인도하던 가장 큰 빛이 하늘로 돌아가고 말았다." 칼빈이야말로 하나님의 영광만을 위해 일했던 '하나님의 말씀의 사역자'였다.

칼빈의 가르침은 개혁교회를 통해 독일, 프랑스, 네덜란드, 영국 등지로 확산되었다. 로마 가톨릭은 군사력이나 정치적 강압으로 세력을 지키려 했고 영방領邦[27]교회의 성격을 지닌 루터교회도 정치권력에 의존하는 일이 빈번했으나, 개혁교회는 그렇지 않았다. 네덜란드에서는 17세기에 이르면 국교의 성격을 지니게 되지만, 개혁교회가 네덜란드에 세워지던 초기에는 '십자가 아래의 교회'라는 이름으로 불렸을 정도로 상당한 박해를 감내해야만 했다. 개혁교회가 이처럼 탄압과 박해 아래서도 유럽의 여러 지역으로 확산되었던 것은, 이 신앙체계가 성경에 기초한 바른 신앙이라는 확신을 심어 주었기 때문일 것이다.

---

27. 제후들이 세운 지방 국가.

6. 칼빈의 유산

앞서 말했던 바와 같이 칼빈주의Calvinism라는 명칭은 칼빈의 사상 자체라기보다는 '칼빈주의적 신학'을 가리키는 것이라고 하는 것이 적절하다. 이 말의 의미는 칼빈주의가 칼빈의 사상만이 아니라 개혁교회의 신앙을 공유하는 칼빈과 동시대의 개혁자들, 그리고 그 이후의 개혁신학을 통칭한다는 의미가 있다. 어떻든 칼빈은 츠빙글리와 더불어 16세기의 상황에서 이러한 개혁주의가 무엇인가를 해명한 중요한 인물이었다.

그렇다면 칼빈의 신앙적 기여는 구체적으로 무엇일까? 이 점에 대해서 존 브랫은 성경중심주의Biblicism, 장로교 정치 제도Presbyterian form of government, 시민사회이론Theory of civil society, 도덕의 함양Moralism, 그리고 신학 체계system of theology 등의 다섯 가지로 정리하고 있다.[28] 그의 견해를 수용하면서 필자의 의견을 더하여 칼빈의 개혁 운동이 남긴 공헌에 대해 정리해 두고자 한다.

성경 중심 사상

칼빈의 첫 번째 공헌은 성경에 대한 강조, 곧 '성경 중심주의Biblicism'이다. 칼빈은 성경의 권위와 충족성을 확신했다. 성경에 근거하여 자신의 사상을 발전시켰고, 성경에 근거하지 않는 교리나 전통

---

28. Bratt, 29-33.

은 거부했다. 그에게는 성경만이 신학의 유일한 원천이며 신앙과 삶의 표준이었다. 바로 이런 이유에서 그는 교부들의 문서나 교회 회의의 결정 사항, 교황의 칙령을 성경과 동일한 권위로 받아들이는 로마 가톨릭의 전통을 거부했다. 이것이 '오직 성경Sola Scriptura' 사상이다. 또 칼빈은 '모든 성경Tota Scriptura', 곧 어느 특정 부분만이 아니라 66권의 성경 전체에 나타난 "하나님의 모든 뜻"행20:27을 해명하여 복음의 풍요로움을 드러내고자 했다.

그는 성경만이 유일한 권위라는 사실을 말했을 뿐만 아니라, 성경에 대한 가감加減을 경계했다. 한 사람의 개혁자로서 그는 기독교가 신구약 성경으로 돌아가기를 원했다. 성경의 빛 가운데서 그는 오직 하나님만이 율법을 초월해 계시고,[29] 창조하신 실재에 대한 그분의 말씀에 신실하시다는 사실을 인정했다. 이러한 성경 의존 사상 때문에 칼빈의 설교는 주해 설교exegetical preaching였고, 그의 계속된 주석 작업은 이런 필요를 채우려는 시도였다. 칼빈의 성경 중심 사상이 루터보다 더 철저한 개혁을 단행할 수 있게 해 주었다.

장로교 정치 제도

칼빈의 두 번째 공헌은 장로교 정치 제도의 확립이다. 이 점은 그의 '기독교강요'와 제네바에서의 활동에서 잘 드러난다. 칼빈에게 교회

---

29. 'Deus legibus solutus est.' 이것은 '하나님께서는 율법 밖에 계신다(Deus ex lex)'라는 유명론적 개념에 반대하는 의미에서 나온 말이다.

정치 문제는 두 가지 점에서 중요한 관심사였다. 첫째는 국가 혹은 국가 권력과의 관계에서 교회의 독립성을 확보해야 했고, 둘째는 교회 내의 질서를 유지하고 바른 교회를 건설하기 위해 필요했다. 무엇보다도 국가와 교회의 관계를 바르게 정립하는 일이 칼빈의 중요한 관심사였다. 국가나 시의회 등 국가권력 기구는 끊임없이 교회 문제에 개입하고자 했고, 이에 맞서 교회는 국가기관으로부터 독립성을 유지해야 했기 때문이다. 그 단적인 예가 제네바에서 칼빈이 치리권治理權의 행사와 관련하여 시의회와 대립했던 일이다. 이러한 상황에서 칼빈이 1541년 제네바에서 작성한 '교회 규정'에 이러한 관심이 반영되어 있다.

취리히의 개혁자인 츠빙글리는 출교권이 교회에 있지 않고 정부, 곧 시의회에 있다고 보았다. 그의 후계자인 불링거Heinrich Bullinger, 1504-1574도 출교권은 통치자에게 있다고 보아 취리히교회는 정부의 통제 아래 있었다. 그러나 칼빈은 치리권은 교회에 속한 교회의 고유한 권한이라고 보았다. 이러한 그의 주장은 바로 스트라스부르크의 개혁자인 마르틴 부써Martin Bucer로부터 온 것이었다. 부써는 이미 1527년에 출판한 『마태복음 주석』에서 교회가 이 세상에서 하나님께서 주신 과업을 감당하려면 정부의 간섭으로부터 독립해야 한다고 주장한 바 있다.

칼빈은 부써로부터 교회론, 예배론, 성찬론에 대하여 많은 영향을 받았는데, 장로교 정치 제도에 대해서도 그러했다. 부써는 1538년 『참된 목회에 관하여Von der waren Seelsorge』를 출판했는데 이것은 장로교

체제를 수립하기 위해 수년간 노력한 결실이었다. 칼빈은 이 책으로부터 큰 도움을 입었고, 부써가 1536년에 출판했던 『로마서 주석』은 1539년에 출간된 칼빈의 '기독교강요' 제2판에 상당한 영향을 주었다.

국가와 교회의 관계에서 교회가 국가보다 우선하고 국가에 대한 지배권을 갖는다는 황제-교황주의Caesar-Papism도 옳지 않지만, 반대로 국가가 교회보다 우선한다는 에라스투스주의Erastianism도 옳지 않다. 그렇다면 교회와 국가는 어떤 관계여야 하는가? 로마 가톨릭은 교회의 세속사회 지배를 정당화하려 했고, 성공회는 왕이 교회의 수장이라고 인정했다. 루터교회는 제후의 보호를 받는 영방교회로 발전하여 교회 간섭을 완전히 배제하지 못했다.

이런 상황에서 칼빈은 어떤 교회 정치 제도가 성경에 부합되는 바른 제도인가에 대해 고심했다. 그는 결론적으로 국가와 교회는 각각의 고유한 기능이 있으므로 국가가 교회 문제를 간섭하거나 교회가 국가의 기능을 대치해서는 안 된다는 점을 인식하고, 장로교 제도 Presbyterianism가 가장 성경적인 정치 제도라는 사실을 확신했다.

비록 성경이 구체적으로나 명시적으로 '장로제' 혹은 '장로교', '장로교 제도'를 말하고 있지는 않지만, 칼빈은 사도 시대 교회에서 이런 제도가 시행되고 있었다고 파악했다. '예루살렘 공의회'와 같은 기구가 바로 그것이다. 사도행전 15장에서 할례 문제를 처리할 때 개별 교회가 독단적으로 처리하거나 어느 한 지도자가 독단적으로 결정하지 않고 예루살렘 공의회를 소집하여 이 문제를 처리했다는 것은 장로교 제도가 시행되고 있었음을 보여 준다. 칼빈은 사도시대에 비록 '장로제' 혹은 '장로정치'라는 표현이 쓰이지는 않았으나, 디모데전서 4장 14절의 "네가 '장로의 회'에서 안수 받은 것을 기억하라"라는 말씀은 이미 장로제도가 시행되고 있었음을 보여 준다고 확신했다. 칼빈이 말한 감독회Consistorium가 바로 이런 기구였다.

장로교 정치 원리에는 흔히 세 가지 특징이 있다고 말한다. 국가기관으로부터 독립하여 직분자들을 통해서 운영되는 '자율성Autonomy', 지역교회의 대표들을 통해 연합하는 '연합성Unity', 그리스도의 주권 아래서 모든 지체와 지역교회가 누리는 '평등성Equality'이 그것이다. 그런데 흔히 장로제의 제3의 특징이라고 일컬어지는 이 '평등성'은 1646년 12월에 발행된 장로교 문서인 『교회 정치의 신적 제정*Jus Divinum Regiminis Ecclesiastici*』에서는 언급이 없고, 18세기 스코틀랜드 장로교회의 맥퍼슨과 19세기 미국 장로교회의 찰스 하지의 주장이었다.

이 평등성을 강조하는 또 다른 교회 정치 형태로 침례교에서 볼 수 있는 '회중주의會衆主義'가 있다. 이것은 계층구조에 대한 반발로 일어난 교회정치 형태로, 지역교회의 목사 청빙, 예산 집행, 치리 집행 등의 자율성을 주장하고, 교회와 교회 사이에서나 목사와 목사 사이에서의 평등을 강조하며, 어떤 형식의 계층구조도 반대한다. 이들은 교회 연합이 계층구조를 취할 수 있다고 보아 교회 연합을 반대하고 개個교회주의를 취한다.

그러나 장로교 정치는 회중주의처럼 자율성과 평등성을 수용하면서도, 모든 교회가 그리스도의 몸이라는 사실 때문에 연합해야 한다고 믿고 치리회로서 당회, 노회, 그리고 총회를 두고 있다. 이것이 장로교회가 회중교회 제도와 다른 점이다.

기독교적 사회 개혁

칼빈의 세 번째 공헌은 사회 전반의 개혁이었다. 칼빈은 교회의 개혁자였으나 그의 개혁은 교회 내적인 문제에만 국한되지 않았다. 그의 교회개혁의 이상은 사회 개혁으로 외연을 확장했는데, 이것은 교회개혁의 자연스러운 결과였다.

사회 개혁에 대해서는 루터보다 칼빈의 기여가 컸다. 루터는 근본적으로 보수주의자로서 사회 개혁에 대해 역동적이지 못했다. 루터의 신학이 '그리스도 중심적'이라고 한다면 칼빈은 '하나님 중심적 Theocentric'이라 할 수 있는데, 그의 신관이 그의 인간관과 사회관 등 신학 전반에 영향을 주었다. 이 점에 대해 독일 신학자 트뢸치Ernest Troeltsch, 1865-1923는, 칼빈주의자들은 "어느 곳에서나 사회 전체의 삶을 계획적으로 구축하고자 하는 노력과 일종의 '기독교 사회주의'에 대한 시도가 있었다. …… 칼빈주의자들은 교회가 삶의 모든 부분에 관심을 가져야 한다는 원칙을 세워 놓았고, 루터파처럼 종교적인 요소와 비종교적인 요소를 분리하지 않았을 뿐만 아니라, 로마 가톨릭처럼 몇몇 기관을 세워 두고 간접적으로 참여하는 방식을 취하지도 않았다."라고 말한 바 있다.

칼빈은 사회의 구성 요소들을 성속이원론聖俗二元論[30]에 따라 분리

---

30. 세상에 있는 것들을 거룩한 것과 속된 것으로 양분하는 이론.

하지 않았고, 사회와 그 제도를 불변의 절대적인 구조로 보지도 않았다. 하나님께서는 인간의 역사 속에 모든 제도, 조직, 직업, 직위 등 질서를 설정하였으며, 이 모든 조직과 제도는 하나님의 통치 아래서 그분의 뜻을 성취하기 위한 예속된 '수종자들servants'로 표현된다. 세상에서 절대적인 것은 하나님의 말씀 외에는 아무것도 없다. 사회를 절대 불변의 구조로 보지 않는다는 말은 사회는 타락했고, 타락할 수 있다는 인식에 바탕을 두고 있다. 이러한 인식은 사회가 개혁되어야 할 수 있다는 점도 암시한다.

칼빈은 제네바시를 성경에 부합하는 도시로 만들려는 성경적 정치Biblocracy에 대한 이상을 지니고 있었고, 이런 이상을 실현하기 위해 치리와 질서를 강조하였다.[31] 그가 주 1회 성찬식의 시행을 주장하고 권징을 강조했던 것은 도덕적이고 윤리적인 삶을 고양함으로써 성화의 삶을 살게 하기 위한 것이었고, 궁극적으로는 사회 개혁을 위한 것이었다. 칼빈이 구빈원을 설치하고 결혼법을 제정하는 등의 일들도 사회를 변화시키고자 하는 동기에서 출발했다. 몽테르는 "제네바 역사에서 모든 길은 결국 칼빈에게로 통한다."라고 했는데,[32] 이것은 사회 전반에 대한 칼빈의 영향력을 가리키고 있다.

---

31. 이상규, 『교회개혁사』(성광문화사, 2002), 171-2쪽.
32. William Monter, *Studies in Genevan Government, 1536-1605* (Geneva: Droz, 1964), 118.

기독교적 삶의 강조

칼빈의 네 번째 기여는 도덕과 윤리적 생활을 통해 기독교적 삶을 강조한 것이다. 참된 의와 경건은 칼빈이 추구한 목표였다.[33] 그렇다고 해서 그가 청교도의 엄격주의나 율법주의적 규율 준수를 이상으로 여긴 것은 아니다. 칼빈의 관점에서는 지속적인 윤리적 행위로 드러나는 경건한 행동은 구원받은 자의 생활 속에 자연스럽게 나타나는 결과였다. 동시에 그것은 하나님께서 값없이 주신 구원에 대한 감사의 표시였다.

칼빈이 경건한 삶을 그처럼 강조했던 것은 도덕적이지 못하고 윤리적이지 못한 제네바의 사회상에 대한 반응이었다. 제네바의 현실은, "그 시대의 모든 문제를 안고 있던 도시"라고 할 만한 정도였다.[34] 암울한 중세 말기에 회자되던 "성직자의 삶은 평신도의 복음이다Vita clerici est evangelium laice"라는 말은 칼빈 당시에도 여전히 유효했다. 중세 로마 가톨릭의 문제는 교리적인 타락과 더불어 성직자들의 윤리적인 부패였다. 뒤집어 말하면 진정한 교회개혁은 교리적 개혁Reform 과 함께 윤리적 각성Revival이 있어야만 했다.

루터파는 로마 가톨릭 성직자들의 도덕적 타락을 비판하고 바로 그런 이유 때문에 성직자들이 존경받지 못했다고 지적하면서도 도덕

---

33. Bratt, 31.

34. W. Fred Graham, *The Constructive Revolutionary: John Calvin and His Socio-Economic Impact* (John Knox, 1971), 157. 칼빈 당시의 제네바의 도덕적, 윤리적 상태에 대해서는 이 책 157-73, 235-7을 참고할 것.

적 변화나 윤리적 삶을 강조하지 못했다. 실제로 루터의 제자들, 특히 평신도 가운데는 윤리적이지 못한 이들이 적지 않았다.[35] 대표적인 인물이 루터의 든든한 후원자로서 막강한 권력을 행사했던 헤세Hesse의 제후 필리프Philipp von Hesse였다. 루터와 그의 동료 개혁자들은 그의 중혼重婚을 허용하여 방종한 삶을 살도록 묵인해 주었다.

그러나 칼빈은 이런 점에 대해서 분명했다. 그는 엄격한 치리를 강조하고 이를 실행했다. 이런 그의 원칙주의가 제2차 제네바 사역기의 첫 10년간을 어렵게 만들었던 요인이었다. 앞서 윌리엄 에스텝William Estep이 지적한 바처럼 첫 10년간의 '고투기'는 엄격한 치리의 실행으로 도덕적 삶을 고양하기 위한 불가피했던 시간이었다.

사실 제네바 개혁이 추진된 데는 정치적인 동기가 없지 않았고, 도덕적 상태 또한 심각했다. 존 브랫에 따르면 파렐은 공권력을 이용해서라도 시민들의 도덕성을 고양하려 했다고 한다. 그러나 이러한 시도가 효과적이지 못했고 개선의 징조가 보이지 않게 되자, 칼빈에게 제네바에 정착하여 이러한 상태를 타개해 주도록 강력하게 요청했다고 한다.[36] 그러므로 제네바에서 칼빈은 로마 가톨릭 신자들은 물론이고 루터의 추종자들까지 포함한 제네바 시민들의 도덕성이 크게 결여되어 있음을 발견하고 경건한 삶에 대해 강조해야만 했다.

칼빈에게 죄라는 것은 어떤 것의 결핍이거나 은혜의 반대 개념이

---

35. Bratt, 31.
36. Bratt, 32.

아니라, 하나님과 그분께서 우리 인생에 향하신 거룩한 뜻에 대한 반역이었다. 그래서 그는 인간이 그리스도 중심적인 삶을 살아야 한다고 가르쳤고, 선택받은 자로서 성령 충만한 삶을 살아야 하는 또 다른 책임에 대해 주의를 환기시켰다. 칼빈은 경건한 삶의 추구는 구원받은 성도들의 합당한 삶의 방식이라고 보았다. 그런 점에서 칼빈은 '성화聖化의 신학자'였다.

개혁신학의 확립

칼빈의 개혁 운동이 가져온 다섯 번째 기여는 개혁교회의 신학 체계, 곧 개혁신학Reformed Theology의 확립이었다. 엄밀하게 말해서 칼빈은 신학자Theologian이기에 앞서 개혁자Reformer였다. 공식적으로 말하면 그는 신학이 아니라 법학 훈련을 받았고, 젊은 시절에 망명객이 되었고, 동료 망명 인사들을 도우며, 교회를 개혁하기 위해 제네바와 스트라스부르크를 왕래했다. 광범위한 서신을 교환함으로써 영국, 스코틀랜드, 폴란드, 헝가리, 프랑스, 그리고 네덜란드의 다른 개혁자들을 격려하기도 했다.[37]

이런 그의 활동을 통해 자연스럽게 개혁신학 체계가 수립되었다. 미국 도르트대학Dordt College의 존 반 더 스텔트John van der Stelt 교수는

---

37. *Selected Works of John Calvin.Tracts and Letters*, edited by Henry Beveridge and Jules Bonnet, Vols 4-7: Part I (1528-1545) and Part 2 (1545-1553), translated by David Constable; Part 3 (1554-1558) and Part 4 (1559-1564), translated by Marcus Robert Gilchrist (Grand Rapids: Baker Book House, 1983)을 참고할 것.

칼빈이 당시대에 유행하던 사상들, 곧 "아리스토텔레스적 철학, 아퀴나스적 중세 실재론, 오캄적인 유명론, 고대 지향적antiquity-oriented 후기 인문주의, 인간중심적인 르네상스, 신령주의적 재세례파, 루터적인 복음과 율법의 대비, 그리고 개혁파 정통주의에 대해서는 동의하지 않았다."[38]라고 했다. 이는 칼빈이 오직 성경의 가르침에 천착하려고 힘썼기 때문이었다. 그의 신학의 중심 주제인 하나님의 주권, 믿음으로 말미암는 구원, 예정론 등은 그 나름의 사색의 결론이 아니라 성경의 사상이었다. 이로써 그는 사제주의, 루터주의, 아르미니우스주의와도 구별되는 개혁신학을 확립했고, 이것이 그의 가장 큰 공헌이었다.

이런 성취에도 불구하고 칼빈에게도 그 시대적 한계가 없지 않았다. 그의 개혁신학은 근본적으로 아우구스티누스 신학을 다시 진술한 것이었다. 그가 아우구스티누스와 의견을 달리했던 부분은 제도화된 교회의 권위에 대한 견해뿐이었다. 반 더 스텔트 교수는 이렇게 지적한다.

그도 여전히 그 시대와 전통의 아들이었다. 그가 문제시하던 많은 견해들이 그 자신이 발견한 새로운 통찰을 일관되게 적용하는 것을 방해하기도 했다. 예컨대, 타락을 인간의 지성intellect보다는 의지will와 관련시키고, 영혼과 육체를 두 본질로 생각하고,

---

38. John van der Stelt, "Theological Education in the 16th Century Reformers and Subsequent Reformed Tradition", 『한상동목사와 신학교육』(고신대학교, 2000), 74-109.

육체를 영혼의 감옥으로 말하고, 그리고 그의 인간론에서 그리스적 '영혼의 삼분관tripartite view of the soul'[39]과 함께 그리스적 '기능심리학faculty psychology'[40]을 사용하고, 인간의 감성sense, 이성reason, 상상력imagination, 그리고 지성intellect을 계층적으로 배열하고, 하나님의 형상을 인간의 어떤 정신적 본질에 관련시키고, 요한복음 1장 4, 5절, 그리고 9절에 대한 미심쩍은 이해에서 그리스도를 보고, 자연과 초자연적 계시와 창조, 로고스와 구원, 중보자로서의 그리스도, 그리고 비기독교문화의 가치에 대해서 진부한 중세적 개념을 허용하는 등에서는 신플라톤주의 Neoplatonism[41]의 경향이 분명히 나타난다.[42]

---

39. 플라톤은 영혼을 '이성, 영, 식욕'으로 구분했다.
40. 인간 의식의 기능에 집착하는 심리학으로, 영혼의 삼분관에 기초하여 각 영혼의 기능을 주로 연구하는 심리학을 뜻한다.
41. 2세기에서 6세기 사이에 유행한 철학으로, 플라톤 철학과 유대교 철학이 합쳐진 것으로서 초기 기독교 신학에 큰 영향을 미쳤다. 신비주의적이고 범신론적인 경향이 있다.
42. John vander Stelt, 74-109.

개혁

주의

5장
개혁주의와 신앙고백

1. 신앙고백의 의미와 필요성

신앙고백信仰告白, Confessio 또는 신조信條, Credo란 성경에 나타난 하나님, 인간, 그리스도, 교회, 종말 등의 가르침에 대해 개인이나 교회 공동체가 그 믿는 바를 일정한 형식으로 선언하는 교리의 표준 doctrinal standard을 의미한다. 그리고 교회가 신앙하여 고백하는 바를 일정한 형식의 문서로 작성하여 표명한 것을 통칭하여 신앙고백서信仰告白書라고 말한다.

성경에서 볼 때 가장 오래된 신앙고백은 "주는 그리스도시요 살아 계신 하나님의 아들이시니이다"라는 베드로의 고백마16:16이었다. 이 외에도 부활한 예수님을 목격하고 "나의 주님이시요 나의 하나님이시니이다"라고 고백했던 도마의 고백요20:28도 비록 짧은 내용이지만 그의 믿는 바에 대한 고백이다. 교회는 예수 그리스도를 주라고 시인하는 신자들의 모임이라고 할 수 있는데, 교회는 시작되면서부터 신앙고백에 근거하여 설립되었다. 기독교 신앙은 막연한 기대나 주관적 소망에 기초하는 것이 아니라, 살아 계신 하나님과 하나님의 말씀에 대한 분명한 고백에 기초한다.

개인과 교회 공동체가 신앙의 표준으로 삼는 문서는 형식상 세 종류로 구분될 수 있다. 첫째는 '신경信經, Creed'이라는 이름으로 불리는 초대교회가 생산한 문서들이다. 둘째는 '신앙문답서信仰文答書, Catechism'인데, 교리문답서, 학습문답서 혹은 요리문답要理問答書이라고 불리기도 한다. 이것은 믿는 바의 내용을 교육적 필요에 따라 묻고 답하는 형식으로 만든 문서를 의미한다. 셋째는 '신앙고백서信仰告白書, Confession'인데, 신경보다는 긴 내용으로 주로 16세기 이후에 작성되었다. 이런 문서들은 그 믿는 바를 일정한 형식으로 기술한 '신앙의 규칙Regulae Fidei'이라고 할 수 있다.

이상의 세 종류의 문서들은 형식적 구분일 뿐이고, 동일하게 기독교 신앙의 표준들이다. 20세기 네덜란드의 개혁신학자 아브라함 카이퍼Abraham Kuyper, 1837-1920는 신앙문답서가 교회 안으로 향한 교육적 문서라고 한다면, 신조나 신앙고백서는 교회 밖을 향한 선언이라고 말한 바 있다. 이 세 종류의 문서에 대해 좀 더 자세히 공부해 보자.

신경

주로 초대교회에서 생산된 신앙 문서를 라틴어로 '크레도Credo'라고 부르는데, '내가 믿는다'라는 뜻이다. 여기서 영어의 '크리드Creed'가 나왔고 한자어로 신경信經이라고 번역하고 있다. 이 어의語義가 보여 주듯이 신경은 주관적 고백의 성격이 강하고, 또 내용이 비교적 짧은 단문으로 구성되어 있다. 사도들의 신앙을 계승하는 '사도신경使徒信經, Symbolum Apostolicum, Apostles' Creed', 최초의 공의회公議會인 니케아 공의회에서 나온 '니케아 신경Symbolum Nicaenum, Necene Creed'325, 두 번째 공의회인 콘스탄티노플 공의회에서 나온 '니케아-콘스탄티노플 신경Symbolum Nicaenum Constantinopolitanum, Niceno-Constantinopolitan Creed'381, 삼위일체론을 고백하는 '아타나시우스 신경Symbolum Athanasi Fides Trinitatis, Athanasian Creed'420-450, 칼케돈 공

의회의 '칼케돈 신경Symbolum Chalcedonense, Creed of Chalcedon'451 등
이 그것이다.

신앙문답서

신앙문답서를 의미하는 라틴어 'Catechismus'는 '가르치다,' 혹
은 '훈계하다'를 의미하는 그리스어 '카테케오κατηχέω'에서 유래하였
고, 여기서 영어 'Catechism'이 나왔다. 아마도 2세기 무렵부터 이 용
어가 사용된 것으로 보인다. 신앙문답서는 주로 16세기에 작성되었는
데, 묻고問 답하는答 형식으로 되어 있기 때문에 '문답서'라고 부른다.
주로 교리를 가르치려는 교육적인 목적에서 작성되었으므로 요리문
답서, 혹은 학습교리문답서 등으로도 불리고 있다.

전통적으로 기독교 신앙 교육은 본래 구두口頭로 행해졌으나, 이를
문서로 작성한 첫 인물이 루터였다. 루터는 1525년에 청소년을 위한
문답서를 작성하였는데, 이것이 '소小신앙문답Kleiner Katechismus'이
다. 이 문서를 시작으로 교리를 가르치기 위한 목적에서 신앙문답서
가 작성되기 시작했는데, 개혁교회의 외콜람파디우스Oecolampadius가
1529년에, 칼빈이 제네바에서 1542년에, 불링거Bullinger가 1566년에
각각 신앙문답서를 발간하였다. 영국교회는 1549년에 처음 신앙문답
서를 제작하였고, 그로부터 약 백 년 후에 영국 칼빈주의자들이 웨스
트민스터 총회를 통해 '대신앙문답Westminster Larger Catechism'과 '소
신앙문답Westminster Shorter Catechism'을 작성하여 1647년에 발행한
바 있다. 대신앙문답서가 성인을 위한 것이라면, 소신앙문답서는 청소

년을 위한 것이었다.

신앙고백서

신앙고백서를 뜻하는 'Confession'이라는 영어는 '고백하다'라는 의미의 라틴어 'Confessio'에서 유래하였다. 신앙고백서는 교회 공동체의 공적인 문서라는 점에서 객관적인 성격을 지니고 있고, '신경'과는 달리 3인칭의 형태로 되어 있다. 신앙고백서는 주로 16세기 종교개혁기나 그 이후에 생산된 문서들을 가리키는 말이다.

초기 교회의 사도신경이나 니케아 신경처럼 신앙고백은 처음에는 단순했으나 차츰 그 내용이 많아지게 되어 16세기에는 장문의 신앙고백서가 만들어졌다. 교회가 당면한 역사적 상황과 관련하여 보다 섬세하게 교리적 견해를 표명하게 되었기 때문이다. 또 교회의 바른 신앙을 파괴하는 이단이나 이교적 사상, 세속주의에 대항하여 교회의 바른 신앙을 진술하려는 외적 필요에 따른 결과였다.

다시 말하면 초대교회는 그 믿는 바에 대한 단순한 선언으로도 만족할 수 있었으나, 종교개혁기에는 로마 가톨릭과 투쟁해야 했으므로 보다 상세한 교리적 진술이 필요하게 된 것이다. 개혁자들은 '교리의 통일성'이 '교회의 통일성'의 기초라는 생각을 했기 때문에 신앙고백서가 자연히 길어지게 되었다. 개혁주의 신앙고백서들에 대해서는 뒤에서 더 자세히 살펴보기로 하겠다.

신앙고백의 필요성

그렇다면 신앙고백과 신앙고백 문서들은 왜 필요할까? 그 필요성을 몇 가지로 정리할 수 있는데, 첫째는 그 믿는 바를 표명할 필요가 있었다. 즉 신앙고백은 자기가 믿는 바가 무엇인가를 드러내는데, 이것을 통해 개인과 교회 공동체의 신앙 정체성을 보여 준다. 기독교 신자는 혼자 존재하는 것이 아니라 그리스도로 말미암은 하나님의 백성으로서 그리스도의 몸인 교회의 지체이다. 그러므로 개인적인 독선이나 편견을 제어하고 잘못된 성경 해석을 막기 위하여 교회의 공적인 신앙고백이 필요하였다. 그래서 신앙고백이 개인적인 것이 아니라 공적인 성격을 띠게 된 것이다. 이것을 '고백적 필요'라고 할 수 있다.

둘째로는 교육적 필요이다. 신앙고백 문서는 개인과 공동체가 믿는 바를 교육하는 데 필요하다. 단순히 '성경을 믿고 성경을 공부하면 된다'라고 생각할 수 있지만, 방대한 성경의 가르침을 정리하고 요약한 신앙고백 문서를 통해 신앙교육을 더 효과적으로 실행할 수 있다. 다시 말하면 신앙고백 문서는 우리가 믿는 바를 예배, 세례 문답, 성찬식의 집례와 교리 교육을 통해 후손들을 교육하는 데 요긴한 문서이다. 네덜란드 개혁교회가 매 주일 129문으로 구성되어 있는 '하이델베르크 신앙문답'을 52주로 나누어 가르치고 설교하는 것이 한 가지 사례가 될 것이다.

셋째, 신앙 변증을 위해 필요하다. 신앙고백은 교회 내적內的으로는 신앙의 일치를 확인시켜 주고, 외적外的으로는 다른 신앙이나 사상과의 차이를 드러냄으로써 신앙의 정체성을 분명하게 해 준다. 동시에 그 믿는 바를 밝히 드러냄으로써 다른 신앙이나 비신앙, 혹은 세속주의의 도전을 물리치고 우리의 믿음을 보다 분명히 지켜 갈 수 있게 해 준다.

넷째는 교회의 연합을 위해 필요하다. 신앙고백은 동일한 신앙을 공유한 교회들 간의 진정한 연합을 가능케 해 준다. 만일 어떤 교회가 동일한 신앙을 고백하는 교회라면 그것은 교리적인 일치를 의미하므로 이들 교회 간에는 진정한 연합이 가능하다. 반대로 신앙고백이 다르다면 성경 해석이나 교리적인 차이가 있음을 의미한다. 따라서 신앙고백은 동일한 신앙을 가진 교회들의 연합을 위해서 필요하다.

요약하면 신앙고백은 교회 내적으로는 신앙과 신자의 정체성을 분명하게 하며 예배와 기도, 세례 문답, 성찬식의 집례와 신앙교리의 교육을 위해 필요하고, 외적으로는 이단과 이설을 막고 교회를 보호하며 같은 신앙을 가진 교회들이 연합하기 위해 필요하다.

2. 신앙고백에 대한 오해

교회사에서는 신조나 신앙고백이 반드시 필요한가 하는 점에 대해서 이견이 있어 왔다. 또한 신조가 무오한가 아닌가에 대해서도 다양한 의견들이 있어 왔다. 여기서는 이 점에 대해서 정리하고 개혁주의 교회의 입장을 소개하고자 한다.

신조무용설

개혁주의 교회는 신조가 꼭 필요하다고 주장하지만, 신조가 필요 없다는 신조무용설信條無用說을 주장하는 이들도 있다. 신조의 가치를 부정하는 이 입장은 삼위일체 교리를 부인하는 소시누스파Socinians[1] 와 17세기 퀘이커교도Quakers[2], 그리고 일부의 경건주의敬虔主義, Pietism[3]가 이런 입장을 취한다.

이들은 성경만 있으면 되고 신앙고백서는 불필요하다고 주장하는데, 그 이유는 신앙고백 문서가 성령의 자유를 침해하는 신앙의 구속일 수 있다는 것이다. 특히 17세기와 18세기 독일의 경건주의자들은 교리를 강조하게 되면 자유로운 성경 해석과 신학적 진보에 장애가 된다고 주장했다. 또 교리를 기초로 성경을 해석하게 되면 성경에 대한 주관적인 판단이 불가능하므로 하나님과의 실존적인 체험을 불가능하게 만들어 결국 외식적인 신앙인을 양성하게 된다고 주장했다. 이런 이유에서 경건주의자들은 교리에 무관심하거나 교리에 대해 비관적이었다.

---

1. 16세기 이탈리아 출신으로 폴란드 지역에서 활동한 파우스투스 소시누스(Faustus Socinus)의 주장을 따르는 이들로서, 예수님의 신성과 삼위일체론을 부정한다.
2. 17세기 영국인 조지 폭스(George Fox)에 의해 시작된 신앙 집단으로 성직주의를 반대하고 절대평화주의를 지향한다. 기독교 신앙의 교리화를 반대하며 원죄 교리와 예정론을 거부한다.
3. 17세기 독일 루터파 배경에서 발생하여 유럽과 북미 기독교에 큰 영향을 미친 신앙 운동으로, 개신교 정통주의에 반발하여 경건한 삶과 종교적 실천을 강조한다.

신조무오설

신조무오설信條無誤說은 신조에는 오류가 없다는 주장이다. 이것은 신조에 절대적 권위나 가치를 부여하는 입장으로 로마 가톨릭과 그리스 정교회가 이런 입장을 취하고 있다. 그리스 정교회는 초대교회의 7대 세계 공의회Concilium Ecumenicum, Ecumenical councils에서 결정된 교리들은 무오하다고 주장한다. 즉 아리우스Arius 이단 문제를 해결하기 위한 325년의 니케아 공의회로부터 787년의 제2차 니케아 공의회까지 채택된 교리만을 무오하다고 주장한다.

로마 가톨릭교회 또한 공의회에서 결정한 교리들은 절대적인 권위를 지니며 무오하다고 주장하는데, 트리엔트 공의회Concilium Tridentinum, Council of Trient, 1545-1563[4]를 더한 8대 세계 공의회에서 결정한 신조들은 절대적으로 무오하다고 주장한다. 로마 가톨릭 신자들은 이와 같은 신조무오론에 근거하여 1854년에는 성모 마리아의 무흠 잉태 교리[5]를, 1870년에는 교황무오 교리를, 그리고 1950년에는 성모 마리아도 죄 없이 태어나 죽은 지 3일 만에 부활하여 승천하였다는 성모무흠聖母無欠과 성모승천聖母昇天 교리를 제정하고 이 모든 결정들

---

4. 종교개혁에 대응하여 소집된 가톨릭의 반(反)종교개혁 교회회의이다. 루터파와 개혁파의 교리 개혁에 맞서서 가톨릭의 기존 교리를 재확인하는 동시에, 종교개혁의 원인이 된 가톨릭의 윤리적 타락상에 대한 개혁을 추진하기도 했다.

5. 예수님을 잉태할 때 마리아는 원죄가 없었다는 교리로, 원죄가 혈통으로 계승된다고 보았던 중세의 견해에 따라 예수님께서 죄가 없으시려면 잉태 시 마리아도 죄가 없어야 한다는 논리에서 만들어진 교리이다. 성모무흠, 성모승천 교리로 발전하여 가톨릭의 성모 숭배의 출발점이 되었다.

이 무오하다고 주장한다.

개혁주의 교회의 입장

개혁주의자들은 신조무용설이나 신조무오설의 두 극단을 부정한다. 오히려 개혁주의자들은 신조는 무오하지 않은 상대적인 권위가 있으며, 동시에 바른 신앙생활을 위하여 절대적으로 필요한 것이라고 주장한다. 왜냐하면 성경과 교회역사가 신조의 중요성을 인정하기 때문이다.

예수님께서는 "마음에 가득한 것을 입으로 말함이라"라고 가르치신다마12:34. 이것은 사람은 '믿는 바를 고백하기 마련Credo, ergo confiteor'이라는 말이다. 앞서 이야기한 대로 신앙고백은 신앙의 표현으로서 신약교회가 생기기 전에 이미 존재하였다. 곧 주님께서 "너희는 나를 누구라 하느냐" 하고 물으셨을 때, 베드로는 "주는 그리스도시요 살아 계신 하나님의 아들이시니이다"라고 신앙을 고백하였다마16:15-18 참고. 도마도 "나의 주님이시요 나의 하나님이시니이다"라고 예수 그리스도에 대한 신앙을 고백하였다요20:28.

초대교회는 예수님께서 그들의 주인이시요 하나님이시라고 고백하는 이들을 성도로 간주하였다. 그 단적인 예로 빌립은 이디오피아의 내시가 예수님에 대한 믿음을 받아들이고 고백했을 때 세례를 베풀어 신자로 인정하였다행8:26-40. 성경은 삼위 하나님에 대하여 '신앙의 규칙화'를 보여 주었다. "그러므로 너희는 가서 모든 민족을 제자로 삼아 아버지와 아들과 성령의 이름으로 세례를 베풀고"마28:19라는 세례의 공식Baptismal formula을 통하여 삼위일체 교리를 가르쳐 준다.

신앙의 표준이나 교리가 무시되는 곳에는 항상 이단이나 이단 사상이 나타난다. 기독교 교리가 체계화되지 않았던 초대교회 당시의 영지주의靈知主義, Gnosticism[6]나 마르키온주의Marcionism[7], 그리고 몬타누스주의Montanism[8]와 같은 이단들이 나타나 교회를 혼란케 하였다. 따라서 교부들은 이단으로부터 성경적인 신앙을 구별하기 위하여 그들이 믿는 신앙을 교리화하였다. 예를 들면 2세기에서 3세기 초반에 활동한 교부 이레니우스Irenaeus는 구약과 신약의 불연속성을 주장하는 이단들에 대항하여 신약과 구약 모두 하나의 성경임을 강조하였고, 이단과 성경적인 신앙을 구별하기 위하여 '신앙의 규칙'을 만들었다. 이와 같은 교리화의 과정을 통하여 340년 무렵에 나타난 신앙고백서가 바로 사도신경이다.

그러므로 신조무용론자들은 서양 기독교 전통에서 여러 개신교회들이 자신들이 믿고 있는 바를 고백서의 형식으로 공식화하지 않을

---

6. 1세기에 유대 신비주의와 그리스 철학의 혼합 사상으로 영은 선한 것으로 보고 육은 악한 것으로 보는 이원론을 주장하고 지식에 의한 구원 사상을 주장했다.

7. 2세기 소아시아 출신 마르키온이 주장한 반대유적인 사상이다. 예수님의 인성을 인정하지 않고 구약 전부와 신약의 일부를 성경으로 인정하지 않았다. 로마교회는 144년에 마르키온을 이단으로 정죄하였다.

8. 1세기 중엽 몬타누스(Montanus)가 주장하여 소아시아에서 번성했다. 사적(私的) 예언을 중시하는 신비주의적이고 열광주의적 경향을 띠며, 재림의 임박성을 주장하는 시한부 종말론이다. 또 엄격한 도덕과 금식을 강조했다. 177년 무렵 유스티니아누스 황제의 칙령으로 금지되면서 점차 사라졌다.

수 없었던 역사적 배경을 무시하는 것이다. 바른 신앙의 확립과 계승을 위해 피 흘리는 전투를 해야 했던 교리화의 상황을 무시하는 것은 결국 서양의 오랜 기독교 전통과 유산에 대해 무관심하게 만든다. 교리를 무시하는 경건주의 풍조에서 자유주의 신학이 출현한 것은 우리에게 교훈을 주고 있다. 교리에 대한 무관심이 결국 자유주의 신학의 온상으로서의 역할을 한 것이다.

또한 개혁주의 교회는 무오한 것은 성경뿐이고 신앙고백 문서는 유한한 인간이 만든 문서라는 점에서 무오할 수는 없다고 주장한다. 신앙고백 문서가 성경의 가르침을 정확하게 반영하지 못할 가능성이 있다는 점을 인정하는 것이다. 이것이 유한한 인간의 한계를 인식하는 겸손한 태도라고 할 수 있다.

이렇듯 신조가 절대적으로 무오하다고 주장해서는 안 되지만, 또한 이런 신조를 거부하는 것은 주관주의나 신비주의에 빠질 위험이 있다. 필립 샤프는 사도신경에 대해 말하면서, "사도신경에 포함된 모든 사실과 교리들은 신약성경과 완전히 일치한다 …… 그런데 이 사도신경의 내용과 교회에서의 사용에 대한 합리주의적 반대는 결국 신약성경 그 자체에 대한 간접적인 공격"이라고 했다.[9] 신조들은 이와 같이 바른 신앙과 그릇된 신앙을 구별하여 성도들의 신앙생활의 이정표가 되어 왔다.

---

9. Pillip Schaff, *The Creed of Christendom*, 1(Harper, 1919), 20.

3. 개혁주의 신앙고백서

　종교개혁은 오도된 로마 가톨릭의 신학, 의식, 제도 등에 대한 개혁 운동이었고 특히 '교리적 개혁doctrinal reform'이었으므로 로마 가톨릭과 구별하기 위하여 여러 신앙고백서가 작성되었다. 다시 말하면 개혁자들은 로마 가톨릭과 대립하면서 교리 논쟁을 해야 했으므로 여러 신앙고백 문서가 생산되었던 것이다. 뿐만 아니라 개혁자들 간에도 이견異見이 있었기 때문에 이를 조정하고 각자의 의견을 개진하기 위해서도 신앙고백 문서가 필요하게 되었다. 또 개혁자들은 저들이 믿는 신앙을 교육하고 유지, 계승할 필요가 있었으므로 요리문답서를 작성하기도 했다. 이것이 종교개혁시대에 많은 신앙고백서가 만들어지게 된 이유였다.

　개혁주의 교회는 그 시초부터 여러 지역에서 일어났고 다양성을 띠고 있었다. 그래서 루터교회에 비해서 개혁교회의 신앙고백서가 훨씬 더 많다. 16세기에 나온 개혁교회의 신앙고백서만 해도 약 60종에 달한다.[10] 16, 17세기 종교개혁기에 나온 신앙고백서들 가운데 중요한 것을 소개하면, 제일 먼저 작성된 츠빙글리의 '67개조*Articuli sive Conclusiones lxvii*', 1528년의 '베른 신앙고백*Die Berner These*', 1530년의 독일 남부의 네 도시가 공동으로 펴낸 '네 도시 신앙고백*Confessio tetrapolitana*', 1534년 바젤에서 나온 '제1 바젤 신앙고백*Confessio*

---

10. 김영재, 『교회와 신앙고백』(성광문화사, 1989), 101.

Basilensis prior', 1536년에 나온 '제1 스위스 신앙고백*Confessio Helvetica prior*' 등이 있다. '제1 스위스 신앙고백'을 '제2 바젤 신앙고백*Confessio Basilensis posterior*'이라고도 한다. 칼빈이 1536년에 제네바에서 작성한 '제네바 신앙고백'도 중요한 개혁주의 신앙고백 문서이다.

그리고 1559년에 '프랑스 신앙고백*Confessio Gallicana*', 1561년에 '네덜란드 신앙고백*Confessio Belgica*', 1563년에 '하이델베르크 신앙문답*Heidelberger Katechismus*' 등이 작성되었으며, 1619년에 작성된 '도르트 신조*Dordtse Leerregels*'에서 유명한 칼빈주의 5대 교리가 제시되었다. 장로교 신앙고백서인 '웨스트민스터 신앙고백*Westminster Confession of the Faith*'은 1647년에 작성되었다. 앞서 소개한 '제네바 신앙고백'과 다음 장에서 소개할 '도르트 신조'를 제외한 다른 신앙고백서들을 아래에서 살펴보도록 하겠다.

67개조(1523)

이 '67개조*Articuli sive Conclusiones lxvii*'는 루터의 95개조 토론문과 그 형식이나 의미가 유사하다. '67개조'는 1523년 1월에 취리히에서 교회개혁을 위한 제1차 토론회가 개최되었을 때 츠빙글리가 자신의 입장을 제시하는 근거로 제출한 문서였다. 이 문서의 내용은 크게 두 가지로 정리될 수 있는데, 첫 15개 조항은 '성경적인 교리들'을 제시하는 부분이다. 이것은 "성경이 나의 기초다"라는 츠빙글리의 선언이라고 할 수 있다.

나머지 52개 조항에서는 로마 가톨릭의 교리들을 비판했는데, 이 부분에서는 개혁의 필요성이 강조되었다. 다시 말해서 츠빙글리는 이 문서에서 성경만이 신앙과 생활의 유일한 규칙이요 그리스도께서 유일한 중보자이심을 주장하여, 로마 가톨릭의 미사 제도, 교황제, 금식 제도, 연옥설 등이 비성경적임을 지적하였다. 또 교황이 소유하고 있다는 대제사장적 직분, 기념이 아니라 희생제사sacrifice로서의 미사, 성직자들의 구도 규칙, 독신 제도 등의 사제司祭 제도와, 성자들의 중보를 요청하는 기도, 의무적인 금식, 성지 순례, 파문의 오용, 사면부 판매, 고행 및 연옥에 관한 교리 등 교회 내에서 행해지던 각종 인위적 규칙들을 비판하였다.

그 외에도 흥미로운 것은 성직자들의 제의祭衣 착용을 비판했다는 점이다. 이것은 외식보다 하나님을 불쾌하게 하는 것은 없다고 보았기 때문이다. 스위스에서는 이 67개 조항의 작성으로 개혁이 크게 진작되었다.

베른 신앙고백(1528)

이 신조는 열 개 항으로 구성된 짧은 신조에 불과하지만 스위스의 독일어 사용지역에서 작성된 고전적 신앙고백서라는 점에서 의의가 있다. 베른에서는 츠빙글리와 교분이 있는 베르트홀트 할러Berthold Haller와 그 동지들에 의해 개혁이 단행되었다. 이런 상황에서 개혁신앙이 로마 가톨릭, 그리고 루터파와 어떻게 다른가를 드러낼 필요가 있었다. 그래서 1527년 11월에 할러와 프란츠 콜프Franz Kolf는 열 개 조항의 신앙고백서를 작성하였다. 그리고 이 문서를 츠빙글리에게 보내 동의를 얻는 한편 1528년 1월 6일부터 26일까지 계속된 신학토론회에 제출하여 이 문서에 대해 20일간 토론하였다. 이 문서는 참석자들의 동의를 얻고 또 시의회에서 만장일치로 가결되어 1528년 2월 7일 공포되었다.

이 신조에서는 루터교의 성찬관과는 다른 영적임재설을 주장했고, 성상들은 우상 숭배의 위험이 있으므로 제거되어야 한다고 했다. 또 교회는 하나님의 말씀으로 탄생되었고 하나님의 말씀만을 근거로 법도와 계명을 세워야 하며, 그리스도께서 우리의 유일한 구원자이심을 언급하였다. 오직 열 개 조항에 지나지 않는 문서를 20일간 숙의하고 토론한 것을 보면 개혁자들이 신앙고백 문서를 얼마나 진지하게 대했던가를 엿볼 수 있다.

제1 바젤 신앙고백(1534), 제1 스위스 신앙고백(1536)

'제1 바젤 신앙고백Confessio Basilensis prior'은 1534년에 작성되었는데, 오직 열두 개 항으로 된 짧은 내용이었다. 이것은 바젤의 개혁자 외콜람파디우스Oecolampadius가 1529년 2월에 바젤 개혁을 단행한 후 개혁신앙이 무엇인가를 드러내기 위해 1531년 9월에 초안한 것이다. 그러나 두 달 후 외콜람파디우스가 신앙고백서를 마무리하지 못하고 사망하자 그의 후계자 오스왈드 미코니우스Oswald Myconius가 이 문서를 수정하여 완성했다. 그 후 바젤에서 다시 신앙고백서가 작성되었는데, 이것이 '제2 바젤 신앙고백Confessio Basilensis posterior'이다.

그런데 이 신앙고백서를 '제1 스위스 신앙고백Confessio Helvetica

prior'이라고 부르게 된 데는 이유가 있다. 그동안 스위스의 도시들, 예컨대 취리히, 베른, 바젤 등이 각기 별도의 신앙고백서를 작성했었는데, '제2 바젤 신앙고백*Confessio Basilensis posterior*'이 작성되면서 이것으로 독일어권 스위스의 신앙고백서를 통일하게 되었다. 그래서 이 신앙고백서를 '제1 스위스 신앙고백'이라고 부르게 된 것이다.[11] 이로써 이 고백서는 독일어를 사용하는 스위스 교회의 일치 운동에 공헌했고, 1566년에 생산된 '제2 스위스 신앙고백*Confessio Helvetica posterior*'의 기초가 되었다. 이 고백서는 일차적으로 루터와 츠빙글리의 성찬관의 차이를 해소하려는 의도가 있었다.

'제1 스위스 신앙고백'은 총 27개 조항으로, 불링거H. Bullinger, 부써 M. Bucer, 레오 쥬드Leo Jud가 중심이 되어 처음에는 라틴어로 작성되었고 후에 독일어로 번역되었다. 이 고백서에는 성경의 중요성을 강조하는 개혁주의 신앙이 잘 나타나 있다. 이 신앙고백서는 성경은 성령의 감동으로 된 것으로 성경 자체로서만 해석되어야 하며, 예수 그리스도께서 우리의 화목제가 되시고 우리를 구속하시며 성화시키신다고 했다. 12조에서는 목사는 하나님의 자비와 예수 그리스도의 공로로 구원받는다는 것을 가르쳐야 한다는 점을, 16조에서는 교회의 권위에 관해, 17조에서는 목사의 자질에 관하여, 18조에서는 교회의 목자와 머리이신 그리스도에 관해 언급하였다.

---

11. 스위스의 옛 라틴어 이름이 Helvetia다.

프랑스 신앙고백(1559)

프랑스에서는 1520년에 지역 이름을 따서 '모Meaux 그룹'이라고 불리는 일군의 인문주의적 종교개혁자들에게서 개혁 운동이 시작되었다. 대표적인 인물이 라틴어 불가타 성경을 프랑스어로 번역한 자크 르페브르Jacques Lefever of d'Etaples, 1455-1537로, 그는 1523년에는 신약성경을 프랑스어로 번역했다. 그의 활동의 결과로 기욤 파렐과 칼빈 같은 인물이 배출되었다고 주장하는 학자도 있다.[12] 프랑스에서 최초의 개혁교회는 1555년에 설립되었다. 같은 해에 모, 앙제르Angers, 루동Loudon, 프와티에Poitiers, 그리고 아르베르Arvert 지역 등 네 개 처에도 교회가 설립되었다. 그 후에는 디에프Dieppe, 투르Tours 등에도 교회가 설립되어 1559년 무렵까지 프랑스 개혁교회의 수가 72개에 이르렀다. 1561년 말에는 프랑스 전역에 670여 개의 개혁교회가 설립되었다.

심한 박해 아래서도 여러 지역에 교회가 설립되자 전국적인 교회의 조직이 불가피하여, 1557년 9월에는 이를 위한 '교회 정치의 조항들'과 18개조 신앙고백서가 작성되었다. 이 신앙고백서 서문에는 왕에게 박해 중단을 요청하는 글이 포함되어 있었다. 1559년 5월 26일부터 28일까지 프랑스 개신교 최초의 교회회의총회가 파리에서 비밀리에 개최되었다. 50여 개 교회의 대표들이 모인 이 회의에서 장로교 정치 제도를 도입하기로 결의하고 신앙고백과 권징조례를 채택함으

---

12. W. H. Lingle을 예로 들 수 있다. 이상규, 274.

로써 프랑스 개혁교회Eglise Réformée de France가 조직되었다.[13]

　1557년에 18개조의 신앙고백서가 작성되었을 때 프랑스 개혁교회들은 제네바의 칼빈에게 지원을 요청하면서 이 신앙고백서를 보냈다. 이에 대한 대답으로 칼빈은 35개 조항의 신앙고백서를 보냈는데, 1559년의 프랑스 개혁교회 총회는 기존의 18개 조항과 칼빈이 초안한 35개 조항을 근간으로 하여 총 40조항의 신앙고백서를 작성하여 채택했다. 이것이 흔히 '프랑스 신앙고백'이라고 부르는 '갈리아 신앙고백Confessio Gallicana'이다. '갈리아'라는 말은 로마시대부터 프랑스 지역을 부르는 라틴어 명칭으로, 프랑스의 고유성이나 전통을 특별히 강조할 때 이 명칭을 애용한다. 1571년의 라로셸La Rochelle 총회에서 다시 채택되었으므로 '라로셸 신앙고백Confession de La Rochelle'이라고 불리기도 한다.

　이와 같은 작성 과정에서 이 신앙고백서에는 칼빈의 사상이 반영되었다. 사실 1557년에 작성된 '교회 정치의 조항들'도 제네바와 스트라스부르크 교회의 모범을 따랐고, 근본적으로 칼빈의 '기독교강요'에 기초한 것이었다. 말하자면 프랑스 개혁교회는 제네바의 영향 아래 있었다.

　종교개혁기 프랑스의 개신교도들을 '위그노Huguenots'라고 불렀으므로 '갈리아 신앙고백'을 '위그노 신앙고백'이라고 부르기도 한다. 그런데 다수의 위그노 지도자들이 칼빈이 설립한 제네바 아카데미 출신

---

13. 이상규, 285.

이었다. 프랑스 개신교도들이 루터주의가 아니라 칼빈주의를 받아들이게 된 것은 루터가 독일인인 데 반해 칼빈은 프랑스인이었기 때문이다. 또 개신교도들이 탄압을 받는 상황에서 통치자들에 대한 정당한 저항권을 말한 칼빈의 가르침이 더 매력적이었기 때문일 것이다. 독일에서 농민전쟁이 일어났을 때1524-1525 루터가 농민의 입장보다 영주의 입장을 지지하여 많은 농민들이 루터교회를 떠났던 일이 있었다. 그러나 칼빈의 저항 이론은 박해 아래 있는 프랑스 개신교도들에게 더 호소력이 있었고, 이 때문에 칼빈주의가 프랑스에 널리 전파되었다.

전통적인 개혁주의 신학에서는 자연을 통하여 인간의 이성으로 하나님을 온전히 알 수 있다는 '자연신학自然神學, Natural Theology'을 거부하지만, 타락으로 온전치는 못하지만 부분적으로는 하나님을 알 수 있다고 하는 '일반계시一般啓示, General revelation'는 성경적 원리임을 믿고 고백한다. 1559년의 이 고백서에서는 성경에 관한 서술에 앞서 이러한 하나님의 계시에 관해 언급하였다. 또 이 신앙고백서는 하나님의 구원 사역과 칭의의 교리를 체계적으로 기술하고 있으며, 정부의 권위를 인정하고 국법과 질서가 하나님으로부터 온 것임을 고백하는 개혁주의 정치 원리가 담겨 있다. 또 교회 분리 운동을 배격하며 목사 간의 계층이나 교회 간의 우열이 없고 평등하다는 칼빈의 교회관을 적절히 반영하고 있다. 이 문서는 영국과 네덜란드의 개혁교회에도 많은 영향을 주었다.

네덜란드 신앙고백(1561)

라틴어로 ‘*Confessio Belgica*’는 흔히 ‘벨기에Belgie 신앙고백’으로 불리는데, 이 신앙고백서가 작성될 당시 벨기에는 네덜란드 남부의 도시였다. 그래서 이 신앙고백서를 ‘네덜란드 신앙고백서’라고 부를 수 있을 것이다. ‘Belgica’ 혹은 ‘Belgium’이라는 말은 네덜란드의 로마시대 명칭이었다. 이 신앙고백서에 대해 설명하기 전에 당시 네덜란드의 정치적 상황과 칼빈주의 신앙에 대해 설명해 보고자 한다.

지금은 네덜란드와 벨기에가 별개의 나라이지만 16세기 중엽의 네덜란드는 오늘의 벨기에, 룩셈부르크Luxembourg와 함께 한 나라를 형성하고 있었다. 넓게 보면 당시의 네덜란드는 신성로마제국의 일부였고 작게 보면 부르고뉴Bourgogne 공국에 속하는 땅이었다. 네덜란드는 정치적으로나 군사적으로 볼 때 중요한 위치에 있었으므로 지금의 베네룩스Benelux 삼국[14]이 그러한 것처럼 독일과 프랑스, 그리고 영국의 이해관계가 얽힌 지역이었다. 네덜란드가 지리적으로 어느 나라의 지배를 받느냐에 따라 유럽 대륙의 정치적 판도가 달라졌을 정도였다.

16세기 중엽에 네덜란드는 스페인의 지배를 받았는데, 이 당시 스페인이 유럽의 최강국이었다. 종교개혁 당시의 네덜란드 통치자는 카를 5세Karl V, 1500-1558였다. 현재는 벨기에 영토이지만 당시에는 네덜란드에 속했던 부르고뉴 공국의 수도 헨트Gent에서 출생한 카를 5세는 1515년에는 부르고뉴공이 되었고, 이듬해에는 스페인의 왕이 되었

---

14. 벨기에(Be), 네덜란드(Ne), 룩셈부르크(Lux)를 합쳐서 부르는 말이다.

으며, 1519년에 신성로마제국의 황제가 되었다. 그는 신성로마제국의 황제가 된 후부터 개신교를 강하게 탄압하기 시작했다. 이런 중에서도 네덜란드에 복음주의적인 개신교도들이 생겨나게 되었는데, 안트 웨르펜Antwerpen 출신으로 루터의 영향을 받았던 것으로 보이는 하인리히 뵈스Heinrich Voes와 요한 에쉬Johann Esch가 1523년에 첫 순교자가 되었다.

카를 5세에 이어 1555년에 펠리페 2세Felipe II, 1527-1598가 스페인왕 겸 부르고뉴공이 되었다. 스페인 출신인 그는 스페인어는 능통했으나 카를 5세와는 달리 네덜란드어를 이해하지 못했다. 그는 철저한 로마 가톨릭교도로서 로마 가톨릭 신앙의 수호를 사명으로 여겼는데, 당시 네덜란드 사람들이 펠리페 2세에게 가진 반감이 개신교의 전파에 영향을 주었다.

네덜란드인들이 폭넓게 받아들인 개신교 신앙이 루터주의가 아니라 칼빈주의였던 데는 지정학적 영향이 적지 않았다. 칼빈의 어머니 잔느 프랑Jeanne Franc이 프랑스어를 모국어로 사용하는 네덜란드 사람이었던 것에서 볼 수 있듯이 당시 네덜란드 서남부는 프랑스에 인접한 프랑스어권이었다. 이런 배경 때문에 잔느 프랑처럼 네덜란드 국적이지만 프랑스어가 모국어인 사람들이 많았고, 네덜란드에는 1540년대 초부터 자연스럽게 칼빈주의 신앙이 소개되었다.

펠리페 2세의 지배를 받게 된 1555년 이후 네덜란드에서는 박해 아래 있던 프랑스처럼 칼빈주의 신앙이 널리 퍼져 갔다. 1566년에 안트 웨르펜Antwerpen에서 네덜란드 개혁교회Nederlandse Hervormde Kerk

최초의 노회가 조직되었고, 이 노회에서 1561년에 작성된 네덜란드 신앙고백서를 공식적으로 채택했다. 이 고백서는 전 37장으로 구성된 것으로서 프랑스 위그노들의 신앙고백서인 '갈리아 신앙고백'1559을 모델로 작성되었다. 그래서 이 고백서는 프랑스 신앙고백서와 마찬가지로 칼빈의 영향, 특히 '기독교강요'로부터 받은 영향이 뚜렷하다.

두 고백서가 매우 유사하지만 네덜란드 신앙고백서는 프랑스 신앙고백서에 비해 재세례파에 대해 보다 분명하게 반대하고 있음을 확인할 수 있다. 그것은 재세례파의 활동이 프랑스에서의 경우보다 네덜란드에서 훨씬 더 활발했기 때문이다. 이 신앙고백서는 1618년에 개최되어 이듬해까지 계속된 도르트 회의Synode van Dordrecht, Synod of Dort에서 네덜란드 개혁교회의 교리적 규범으로 채택되었다. 네덜란드에서 최초로 열린 개혁교회 총회는 1571년에 독일 북서부의 항구도시 엠덴Emden에서 개최되었다.

이 신앙고백서의 작성자 귀도 드 브레Guido De Bres는 네덜란드 개혁교회의 설교자였다. 그는 칼빈이 설립한 제네바 아카데미에서 교육을 받고 목사가 된 인물이다. 16세기 당시 네덜란드의 개혁주의자들이 많은 박해를 받은 것은 개혁신앙이 반국가적인 활동으로 오해받았기 때문이었다. 그래서 드 브레는 개혁주의자들이 국가에 반역하는 사람들이 아니며 성경을 따라 참된 기독교 교리를 고백하는 사람들일 뿐이라는 점을 입증하기 위해 이 고백서를 작성하였다. 그러나 귀도 드 브레는 1567년 화형을 당했다.

하이델베르크 신앙문답(1563)

1563년에 작성된 '하이델베르크 신앙문답Heidelberger Katechismus'은 17세기에 작성된 '웨스트민스터 신앙고백'과 함께 개혁주의 전통의 교회에서 가장 중요하게 취급되어 온 신앙고백 문서이다. 이 문서를 이 이름으로 부르게 된 것은 독일의 하이델베르크에서 작성되었기 때문이다.

하이델베르크는 당시 팔츠Pfalz 지방의 수도이자 유서 깊은 대학 도시로서 역사가 오랜 곳이다. 이곳에서는 1546년에 종교개혁이 단행되었는데, 루터가 죽던 해였다. 이 도시에는 루터파 신학자와 개혁파 신학자들이 함께 있었으므로 신학 논쟁이 빈번했다. 이런 논쟁을 조정하기 위해서 선제후 프리드리히 3세Fredrich III는 루터파 멜란히톤 Philip Melanchton에게 자문을 구했고, 멜란히톤의 주도하에 공동의 신조를 작성하기에 이르렀다.

멜란히톤은 이 신앙문답서가 성경에 근거한 단순한 것이 되어야 하며, 격론이 일어날 수 있는 성찬관에 대해서는 이견이 있는 부분은 배제하고 기본적인 가르침만을 포함하도록 충고하였다. 그리고 그의 젊은 두 제자 우르시누스Zacharias Ursinus와 올레비아누스Caspar Olevianus에게 신앙고백서를 초안하도록 지시하였다. 우르시누스는 당시 하이델베르크 대학[15]의 우수한 교수였고 칼빈, 베자, 불링거 등과도

---

15. 하이델베르크대학은 1386년 설립되어 로마 가톨릭의 영향 아래 있었으나 1556년 무렵부터 멜란히톤의 영향으로 개신교대학이 되었고, 팔츠의 프레드리히 3세 치하에서는 압도적으로 칼빈주의의 영향 아래 있게 되었다.

교제가 깊었다. 올레비아누스 또한 파리대학에서 고전어를, 제네바와 취리히에서 신학을 공부한 사람으로서 개혁파 신학에 정통한 인물이 었다. 이런 점에서 두 사람은 루터파와 개혁파 공통의 신앙고백서를 작성하기에 적절한 인물이었다.

이로써 내용이 온건하고 중용적 성격을 띠게 된 이 신앙문답서는 칼빈의 제네바 신앙고백서를 포함하여 개혁교회의 여러 고백서를 참조하여 1563년 1월 출판되었고, 그해 11월에 하이델베르크교회 규정에 편입되었다. 같은 해에 네덜란드어로 번역되었고, 5년 후인 1568년에는 네덜란드 개혁교회 베젤Wesel 대회에서 네덜란드 개혁교회가 반드시 가르쳐야 할 신앙문답서로 채택되었다.

전 129문답으로 구성된 이 신앙문답서는 세 부분으로 되어 있는데, 1부3-11문답는 인간의 죄와 비참함에 대하여, 2부12-85문답는 예수 그리스도를 통한 인간의 구원에 대하여, 3부86-129문답는 구원받은 성도의 감사하는 삶에 대하여 기술하였다. 이 내용은 로마서의 구조를 따른 것이었다. 작성된 지 540여 년이 지났으나 여전히 유럽의 개혁교회들이 신앙고백서로 삼고 있고 또 가르치고 있는 것을 보면, 이 신앙문답서가 신학적으로 충실하고 성경의 가르침을 효과적으로 배열한 신앙교육서임을 알 수 있다. 이 문답서는 문장이 간결하고 운율적이기도 하다.

특히 이 신앙문답서는 구성에서 다른 점이 있다. 다른 개혁주의 신앙고백서들이 주로 성경에 대한 고백에서 시작되지만, '하이델베르크 신앙문답'에서는 먼저 인간의 죄와 비참한 상태에 대해서 다룬다. 다시 말하면 인간의 죄와 비참함에서 어떻게 벗어날 수 있는가에 대한 문답으로 시작된다. 이렇게 칭의를 강조하며 시작하는 점이 루터교회 신앙고백서의 구조와 유사한 점으로서 루터주의적 성격을 보여 준다고 보기도 한다. 이것은 '제네바 신앙문답'이나 '웨스트민스터 대·소 신앙문답'은 "인생의 제일가는 목적이 무엇인가?"를 그 서두에 두고 있는 것과는 뚜렷한 차이가 있다. '하이델베르크 신앙문답'의 제1문답은 다음과 같다.

제1문: 사나 죽으나 당신의 유일한 위로가 무엇입니까?

답: 사나 죽으나 나는 나의 것이 아니고 몸과 영혼이 모두 미쁘신 구주 예수 그리스도의 것입니다. 주께서 보배로운 피로 나의 모든 죄 값을 치러주셨고 마귀의 권세로부터 나를 자유롭게 하셨습니다. 또한 하늘에 계신 아버지의 뜻이 아니고는 나의 머리털 하나도 상하지 않듯이 주께서 나를 지켜 주십니다. 실로 이 모든 것이 합력하여 나의 구원을 이룹니다. 내가 주의 것이기에 주께서 성령으로 말미암아 영원한 생명을 보증하시고 나의 온 마음을 다하여 기꺼이 주를 위하여 살게 하십니다. 이것이 나의 유일한 위안입니다.

제1문은 인간의 가장 본질적인 위로가 무엇인지를 묻고 있으며, 그에 대한 대답은 삼위일체 하나님을 통하여 구원을 얻고, 보호를 받고, 그분을 위하여 사는 것이 가장 본질적인 위로임을 지적해 주고 있다.

개혁주의 신앙문답서들이 대개는 인간을 인식하되 하나님 중심으로 인식하고, 하나님을 알고 그분을 예배하고 그분께 영광을 돌리는 것을 출발점으로 하고 있는 반면에, 하이델베르크 신앙문답서는 인간에 대한 인식, 곧 인간이 처해 있는 상태를 인식하는 데서 출발하고 있다는 점에서 차이가 있다.[16] 이 문답서가 제1문답에서 위로의 문제를 다루는 것은 탄압 아래 있는 프로테스탄트들을 위로하려는 의도가 있었던 것으로 보인다.

구조적인 면에서 루터파의 특징이 있지만, 이 문서의 성찬관을 포함한 내용들은 개혁주의 입장을 보여 주고 있으며 전체적으로 개혁주의 교회 신앙문답서로 손색이 없다.

웨스트민스터 신앙고백(1647)

'웨스트민스터 신앙고백Westminster Confession of the Faith'은 17세기 영국 런던의 웨스트민스터 사원Westminster Abbey에서 모인 웨스트민스터 대회Westminster Assembly에서 작성된 장로교 신앙고백서로서, 개혁주의 신학과 신앙을 잘 드러내고 있다. 유럽에서 일어난 '개혁교회Reformed church'가 영국과 스코틀랜드로 전래된 후에는 '장로교회Presbyterian church'로 불리게 되었는데, 교회 정치 제도로 장로제長老制, Presbyterianism를 채택했기 때문이다. 또 한편으로 잉글랜드교회성

---

16. 김영재, 136.

공회의 '감독제監督制, Episcopacy'[17]와 다른 '장로제' 교회임을 드러낼 필요가 있었기 때문에 '장로교회'라고 부르게 된 것이다.

앞에서 언급한 '하이델베르크 신앙문답'이 로마 가톨릭과 대결하는 상황에서 루터교회와 개혁교회가 연합을 모색하면서 작성된 고백서라면, '웨스트민스터 신앙고백'은 잉글랜드교회의 '감독제'와 대치한 상황에서 작성된 신앙고백서이다. 그래서 '웨스트민스터 신앙고백'은 개혁신학을 표방하는 동시에 장로교 정치 제도를 뚜렷하게 보여 주고 있다. 이 신앙고백서는 370여 년이 지난 오늘에 이르기까지 복음주의적인 장로교회들이 중요한 고백서로 받아들이고 있고, 한국의 거의 모든 장로교회가 여전히 이 고백서를 교리 표준으로 삼고 있다.

웨스트민스터 신앙고백서를 이해하기 위해서는 웨스트민스터 회의가 개최된 동기를 알아야 하고, 이것을 알기 위해서는 당시의 정치적 상황을 이해해야 한다. 영국잉글랜드에서의 종교개혁은 헨리 8세 Henry, VIII, 재위 1509-1547의 이혼 문제로 시작되었다. 로마 가톨릭교도였던 잉글랜드왕 헨리 8세는 자신이 요청한 이혼을 허가해 주지 않자 로마 교황청과 행정적인 관계를 단절하고, 자신이 잉글랜드교회 Church of England의 수장이라고 하는 수장령首長令, Acts of Supremacy을 선포했다. 이것이 잉글랜드 종교개혁과 영국 성공회聖公會의 출발점이

---

17. 교역자의 위계를 인정하는 교회 정치 체제로, 영국교회(성공회)는 신학에서는 개혁주의를 일부 받아들이지만 교회 정치와 예배 형식을 비롯한 많은 부분에서는 로마 가톨릭을 따르는 중도적 교회이다. 개신교회 중에서는 그 명칭이 암시하듯이 감리교회(監理教會, Methodist Episcopal church)의 정치 제도가 감독제이다.

었다. 헨리 8세의 뒤를 이어 에드워드 6세재위 1547-1553, 메리재위 1553-1558, 엘리자베스 1세재위 1558-1603가 왕위를 계승하였는데, 미혼이었던 엘리자베스 1세가 후손을 남기지 못하고 사망하게 되자 스코틀랜드왕 제임스 6세James VI가 제임스 1세James I, 재위 1603-1625라는 이름으로 잉글랜드왕을 겸하게 되었다. 이렇게 되자 스코틀랜드와 잉글랜드가 한 왕의 통치를 받게 됨으로써 두 나라가 정치적으로 합병하게 된다.

스코틀랜드에서는 존 녹스John Knox가 이끈 종교개혁의 결과로 장로교회가 자리를 잡았다. 그러므로 스코틀랜드왕이 잉글랜드왕으로 부임해 올 때 잉글랜드의 장로교도들인 청교도淸敎徒, Puritan[18]들은 상당한 기대를 가졌다. 그러나 제임스 1세는 의회제議會制[19]와 유사한 장로제가 의회에 힘을 실어 주어서 왕권 행사에 방해가 된다고 보아 오히려 감독제를 지지하고, 켄터베리 대주교Archbishop of Canterbury[20] 윌리엄 로드William Laud를 앞세워 스코틀랜드의 장로교회도 감독교회로 전환하고자 했다.

---

18. '깨끗케 하는 사람들' 혹은 '순수한 사람들'로 번역될 수 있는 '청교도(Puritan)'라는 명칭은 17세기 영국의 엘리자베스왕 치하에서 성경에 따라 잉글랜드교회를 철저하게 개혁하자는 신앙운동을 일으켰던 칼빈주의자들을 조롱하는 투로 잉글랜드교회 신자들이 붙인 것이다.

19. 당시 잉글랜드에서는 왕의 세력과 귀족, 평민 세력의 대표자들로 구성된 의회(Parliament)가 구성되어 입법기관으로 활동했는데, 이후 이 의회의 귀족과 평민 세력이 후에 영국 민주주의 혁명을 이끄는 역할을 하게 된다.

20. 영국교회의 대표적 교구인 켄터베리의 대주교는 교회의 수장인 영국왕 휘하의 영국교회 최고위 성직자였다.

그의 아들 찰스 1세Charles I, 재위 1625-1649는 제임스 1세보다 더 강력하게 감독교회를 고집하고 장로교회를 탄압하였다. 이렇게 되자 스코틀랜드에서는 장로교회를 지키려는 강력한 저항 운동이 일어나 스코틀랜드 장로교인들이 무력항쟁을 결의하였다. 이 소식을 들은 찰스 1세는 스코틀랜드 장로교회를 무력으로 멸절시키기로 하고 1639년에 진압에 나섰다. 이것이 '제1차 주교전쟁'으로, 찰스 1세는 이 전쟁에서 스코틀랜드군에게 패배했다. 그러자 찰스 1세는 1640년 4월에 의회를 소집했다가 지지를 얻지 못하자 3주 만에 해산하고[21] 의회의 도움 없이 독자적으로 전비戰費를 마련하여 1640년 8월에 다시 스코틀랜드와 전쟁을 시작했는데, 이것이 '제2차 주교전쟁'이다. 그러나 이 전쟁에서도 패한 찰스 1세는 스코틀랜드에 전쟁 배상금을 지불하기 위해 의회를 소집하지 않을 수 없게 되었다.

찰스 1세는 1640년 11월에 의회를 소집했는데, 1653년까지 지속된 이 의회를 '장기 의회長期議會, Long Parliament'라고 부른다. 잉글랜드 의회에서 귀족세력은 주로 장로교회 정치를, 왕의 세력인 왕당파王黨派는 감독교회를, 크롬웰을 중심으로 하는 평민세력은 회중주의적 독립교회를 지지했는데, 이 '장기 의회'에서는 다수를 점하는 장로파 귀족세력들이 감독교회파인 왕당파와 제휴하여 잉글랜드교회에 장로제를 도입하고 신학적인 개혁을 추진하려고 했다. 그리하여 의회는 런던의 웨스트민스터 사원에서 종교회의를 개최하자는 안을 의결했다.

---

21. 이를 '단기 의회(短期議會, Short Parliament)'라고 부른다.

이러한 의회의 결의를 찰스 1세가 다섯 차례나 거절하자, 의회는 할 수 없이 상하원의 동의를 얻어 왕의 허락 없이 웨스트민스터 사원에서 회의를 개최하게 되었다. 이 회의를 '웨스트민스터 대회Westminster Assembly'라고 부른다.

회의는 1642년 7월 1일에 소집되었다. 이 회의에는 잉글랜드교회 내의 청교도 목사들 121명이 참석했는데 대부분이 장로교 신앙을 가진 이들이었고, 약간의 감독교회 지지자들과 회중교도들도 포함되어 있었다. 또 상원 열 명과 하원 스무 명의 평신도 의원들이 참석하였고 스코틀랜드교회에서 파송된 여섯 명의 대표가 참석하여 총 151명으로 구성되었다. 장기 의회가 웨스트민스터 대회에 위임한 것은 잉글랜드 교회의 39개조 신조를 개정하는 일이었다.

그런데 개정 작업이 절반 이상 진척되었을 때 찰스 1세의 왕당파와 나머지 의회파 간의 내전이 일어났다. 의회파는 왕당파와의 싸움에서 이기기 위해서 스코틀랜드의 협력이 필요했기 때문에 1643년 9월에 스코틀랜드와 '엄숙동맹과 언약Solemn League and Covenant'을 체결했다. 마침내 의회파가 스코틀랜드군의 도움으로 왕당파를 이기고 승리하게 되어 웨스트민스터 대회에서 스코틀랜드 대표의 발언권이 강화되었고, 회의 진행 과정에 막강한 영향력을 행사했다.

1643년 7월 1일 개회한 웨스트민스터 대회는 총 5년 6개월 22일 간 1,163회의 전체 회의와 소위원회를 거쳐 '예배 모범Directory, 안내서', '신앙고백', '대신앙문답'과 '소신앙문답'을 장로파의 안에 따라 확정짓고 의회에 제출하게 된다. 이렇게 장로교회의 대표적인 신앙고백 문서인 '웨스트민스터 표준문서Westminster Standards'가 작성된 것이다. 이 신앙고백서에서 잉글랜드교회의 감독제가 아닌 장로제를 채택한 것은 개혁교회로의 발전을 보여 준다.

잉글랜드교회의 정치 제도를 장로제로 하고 이전까지 사용하던 『일반예식서Book of Common prayer』1549를 '예배 모범'으로 대체하자는 결의안이 의회에 제출된 것은 1644년의 일이었다. 의회는 1645년 1월에 '예배모범'을 승인하고 '일반예식서'를 폐지하기로 했으나, 잉글랜드교회를 장로교회로 전환하자는 결의안은 독립교회파 소속 의원들의 반대로 상당한 진통을 겪었다.

잉글랜드 의회에서 장로파와 독립파의 논쟁 때문에 신앙고백서의 통과가 지연되는 동안 스코틀랜드 의회는 1647년 8월에 이 신앙고백서를 채택하여 1560년에 작성되었던 '스코틀랜드 신앙고백Confessio Scotica'을 대체했다. 잉글랜드 의회는 1648년 6월에서야 이 신앙고백서를 받아들였으나, 1660년에 찰스 1세가 복위하면서 왕정복고王政復古되자 이 신앙고백서가 효력을 상실하고 말았다.

웨스트민스터 대회는 경건한 분위기에서 진행되었다. 회의에 앞서 예배하고 기도드리고 금식하는 일이 빈번했고, 두 시간씩 기도하는 일은 흔한 일이었다. 어떤 때는 여덟 시간 동안 계속해서 예배드린 일도 있었다고 한다. 이것은 신앙고백서 작성에 얼마나 신중했던가를 보여 준다. 교리적인 문제에서는 큰 논란이 없었으나 교회 정치 제도에 대해서는 상당한 이견이 있었다. 그래서 하나님께서 제정하신 교회 정치 제도가 어떤 제도인가에 대해서 기도하면서 토론하고, 토론하면서 기도하였다고 한다.

'웨스트민스터 신앙고백'은 전 33장으로 구성되어 있는데, 제1장에서는 성경을 하나님의 계시의 말씀으로 강조하며, 무오한 신적 권위가 있으며 성령의 내적 증언으로 우리가 성경을 믿게 된다고 강조했다. 2장은 하나님과 삼위일체, 3장은 하나님의 영원한 작정, 4장은 창조, 5장은 섭리에 대해 기술했다. 6장은 인간의 타락과 형벌, 7장은 하나님과 사람의 언약을 기술했다. 8장은 중보자 그리스도, 9장은 자유의지의 문제를 다루었고, 10장에서 18장까지는 은혜와 구원에 대한 확신에 관해서 기술했다. 19장은 율법을 행위언약의 관점에서 기술했고, 20장은 신자의 자유와 양심의 자유, 21장은 예배와 안식일, 22장은 맹세와 서약, 23장은 위정자에 대해, 24장은 혼인과 이혼, 25장부터 31장까지는 교회론, 그리고 32장과 33장은 죽음과 부활과 심판에 대해 기술했다.

이 신앙고백서에서는 기독교 신앙의 전체가 논리적으로 배열되어 있는데 그 특징을 다음의 네 가지로 요약할 수 있다. 첫째, 성경과 성경의 권위를 강조하고 있다는 점이다. 그래서 이 고백서에서는 성경에 관하여 제1장에서 10항에 걸쳐 길게 진술하고 있다. 웨스트민스터 대회 이전의 스코틀랜드 장로교회 신조였던 '스코틀랜드 신앙고백'의 경우 제1조에서 하나님에 대해 기술하고 있으나, '웨스트민스터 신앙고백'은 먼저 성경에 대해 기술하고 있다. 기본적으로 성경을 하나님의 말씀으로 받아들이지 않으면 기독교 교리가 그 기초를 상실하기 때문이다. 그래서 이 고백서는 성경이 하나님의 계시의 말씀임을 강조하고 있다.

둘째, 이 고백서는 하나님의 주권을 강조하고 있다. 이 고백서는 하나님께서 주님이심과 그분의 주권, 그분의 통치와 섭리를 강조한다. 하나님의 창조4장와 섭리5장, 인간의 타락6장, 중보자 예수 그리스도8장에 대해 말하기 전에 먼저 하나님의 영원하신 작정3장, 곧 예정豫定을 말하고 있다. 예정은 하나님의 절대 주권 사상에서 나온 것이므로 이 고백서가 하나님의 주권을 강조하고 있음을 잘 보여 준다. 동시에 이것은 17세기 초에 문제가 되었던 아르미니우스주의Arminianism를 의식한 결과로도 보인다. 논리적으로 볼 때 하나님의 창조를 말하기 전에 예정을 먼저 다룬 것은 예정론을 거부하는 아르미니우스파Arminians들의 주장을 반박하려는 의도가 있었음을 알 수 있다. 어떻든 하나님 주권을 강조하는 것은 칼빈주의적 입장을 분명하게 드러낸다.

셋째, 이 신앙고백서는 언약신학계약신학, Covenant Theology의 전개를 보여 준다. 17세기 개혁주의 신학의 가장 큰 변화가 언약신학의 발전이라고 할 수 있는데, 이 점이 '웨스트민스터 신앙고백'에서도 강조되어 있다. 언약은 선택과 함께 하나님께서 인간에게 행하시는 구원 활동인데, 특히 7장에서 그리스도와 구원에 관한 교리를 언약신학의 관점에서 서술하고 있다.

넷째, 신자의 생활이 강조되고 있다는 점이다. '웨스트민스터 신앙고백'은 개혁신학과 장로교 정치 제도를 보여 주면서 또한 그리스도인의 구체적인 삶을 강조하고 있다. 이 고백서 제10장에서 33장까지는 신자들의 지상에서의 삶과 구체적인 실천의 문제와 관련되어 있다. 이 부분이 전체 고백서의 삼분의 이에 해당한다. 대신앙문답서에서 이 부분이 십계명 해석으로 보충된 것을 보면 이 신앙고백서는 건전한 교리만이 아니라 교리를 생활 속에서 구체화하려는 의도가 있음을 읽을 수 있다. 칼빈은 신학의 목적은 "그리스도인의 덕성德性의 함양涵養"이라고 말했는데, 이 신앙고백서도 이 점에 유의하고 있다. 건전한 교리와 이 교리에 기초한 건실한 삶이 조화를 이루어야 한다고 볼 때, '웨스트민스터 신앙고백'은 그리스도인의 삶을 위한 고백서라고 할 수 있다.

이 신앙고백서와 신앙문답서가 미국에는 1729년 이후 소개되어 미국장로교회의 표준으로 채택되었는데, 미국 북장로교회는 1903년에 이 신앙고백서를 채택할 때 성령34장과 선교에 관한 조항35장을 첨가했다. 종교개혁으로부터 125년간의 신학적 논구論究의 산물이라고 할 수 있는 원래의 33장으로 구성된 신앙고백서에 성령과 선교에 관한 조항이 없었던 것은, 16, 17세기 당시 상황에서는 언급되어야 할 신학적 주제가 아니었기 때문이었다. 한국에서는 1970년대 초에 여러 장로교회들이 미국장로교회가 채택한 35장으로 된 이 고백서를 채택하여 교리표준서로 삼았다.

개혁주의란 무엇인가?

6장
칼빈주의 5대 교리

개혁주의 혹은 칼빈주의라고 하면 많은 사람들이 '칼빈주의 5대 교리Five point of Calvinism'를 연상한다. 그러나 '칼빈주의 5대 교리'라는 말은 세 가지 점에서 오해의 소지가 있다. 첫째는 5대五大 교리라는 말 때문에 많은 이들이 칼빈주의를 다섯 가지 교리로만 생각하는 경향이 있다. 이 다섯 가지 교리가 칼빈주의 입장을 드러내는 것은 분명하지만, 칼빈주의는 다섯 가지 교리만이 아니라 훨씬 광범위하며 더욱 포괄적이다. 둘째는 '5대 교리'를 칼빈주의의 가장 중요한 다섯 가지 교리라고 생각하는 경향이다. 그러나 '칼빈주의 5대 교리'를 말하게 된 것은 아르미니우스파Arminians의 다섯 가지 주장에 대항하여 칼빈주의의 견해를 밝히다 보니 다섯 가지 교리를 말하게 되었을 따름이다.

셋째, 칼빈주의 5대 교리는 '예정론'이 칼빈주의의 중심 교리이며, 그 외의 것은 부수적인 교리라는 인상을 준다. 예정론은 칼빈주의 5대 교리의 핵심이지만, 이 예정론이 칼빈주의의 핵심 교리라고 볼 수는 없다. 아르미니우스파가 예정론을 거부하기 때문에 이 교리가 강조되었을 뿐이다.

칼빈이 1537년에 작성한 최초의 신앙문답서에서는 예정론이 짤막하게 언급되었을 뿐이었고, 같은 해에 함께 출판된 신앙고백서에는 언급조차 없었다. 또 그의 '기독교강요'에서도 예정론은 중요하게 다루어지지 않았고, 하나님의 은혜에 대한 논쟁이 있은 후에 나온 후기 판본에서 예정론이 취급되었을 따름이다. 칼빈주의는 '5대 교리'뿐만이 아니라 '오직 성경'과 '모든 성경'의 사상을 나타내려고 노력한다. 그러므로 칼빈주의를 5대 교리로 제한하거나 다섯 가지 교리가 칼빈주의의 가장 중요한 교리라고 오해해서는 안 된다.

다만 17세기 초 네덜란드에서 일어났던 신학 논쟁을 이해한다면 칼빈주의라고 일컫는 신학체계가 왜, 그리고 어떻게 이런 이름을 얻게 되었는지 확인할 수 있다. 또한 어떤 과정을 거쳐 '5대 교리' 혹은 '5대 강령綱領'이라는 이름으로 공식화되었는지를 살펴보는 것도 개혁주의를 이해하는 데 도움이 될 것이다.

1. 아르미니우스와 예정론

스페인의 지배 아래 있던 네덜란드는 30년 전쟁이 종식된 1648년에 체결된 하그Haag 평화조약을 통해 스페인으로부터 공식적으로 독립을 인정받게 되었지만, 1568년에 시작되어 40여 년간 계속된 독립 전쟁에서 휴전이 성립된 1609년에 이미 사실상 독립을 쟁취했다고 할 수 있다. 네덜란드는 일찍이 칼빈주의 사상이 소개되어 개혁신앙을 국교로 하는 국가가 되었다. 이러한 역사적 배경에 대해서는 앞 장의 네덜란드 신앙고백서 항목에서 자세히 설명하였으므로 여기서는 길게 설명하지 않을 것이다.

아르미니우스파 논쟁이 제기된 17세기 초 네덜란드에서는 칼빈주의적 개혁교회가 국교회로서 주도적인 교회였으나 다른 신학을 주장하는 다른 교파 사람들도 종교적 자유를 누리고 있었다. 이것은 다른 신학과 교파에 대해서도 관용을 베풀어야 한다는 관용론자들의 영향 때문이었다. 바로 이런 상황에서 신학적 논란이 일어났는데, 그것이 지금 설명하려는 아르미니우스파 논쟁이었다. 이 논쟁이 실제로 수면 위로 떠오른 때는 이미 사망한 이후였지만, 야코부스 아르미니우스 Jacobus Arminius, 1560-1609가 이 논쟁의 발단을 제공한 것은 사실이다.

아르미니우스가 신학 논쟁의 원인을 제공한 인물이라 하여 대개 반反칼빈주의적인 인물로 간주하지만 사실은 그렇지 않다. 그는 칼빈주의자로 일생을 살았던 덕망 있는 인물이었다. 단지 예정론에 대해서는 생각을 달리했을 뿐이었다. 그는 네덜란드 오우데바터Oudewater에서 출생하여 독일 마르부르크Marburg대학을 거쳐 1576년부터 1582년까지 라이덴Leiden대학[1]에서 수학했다. 이후 바젤을 거쳐 제네바로 가서 칼빈의 후계자인 테오도르 베자Theodore Beza, 1519-1605에게 지도를 받았다.

그는 후일 다시 라이덴대학으로 돌아와서 신학박사 학위를 얻게 되는데, 그가 이 대학의 첫 번째 박사 학위 수여자였다. 1588년부터는 암스테르담의 개혁교회에서 목사로 일했다. 그는 성경에 박식하고 학문적 능력을 겸비한 훌륭한 설교자로서 명성을 얻었으며, 1603년부터는 라이덴대학의 신학 교수로 재직했다.

이 당시 디리크 코른헤르트Dirck Coornhert, 1522-1590라는 법률가가 있었다. 신학자는 아니었으나 신학적 소양도 겸비한 합리주의적 인물

---

1. 라이덴대학은 네덜란드 독립운동 기간 중 북부 지역에서 거둔 승리를 기념하여 네덜란드 독립을 이끈 통치자 빌럼 판 오라녜(Willem van Oranje, 1533-1584, 오렌지공 윌리엄)가 1575년에 설립한 대학으로, 네덜란드 최초의 대학이었다.

로, 에라스무스의 『자유의지론自由意志論, *De libero arbitrio diatribe, sive collatio*』의 영향을 받아 칼빈주의 예정론에 의문을 제기했다. 그는 에라스무스의 견해와 같이 창세기 3장에 근거하여 인간의 자유의지를 주장하였고, 인간이 타락한 이후에도 자유의지가 행사된다고 보아 하나님의 절대 주권에 의문을 표했다. 당시 네덜란드 개혁교회는 '하이델베르크 신앙문답'을 표준 신조로 채택하고 있었는데, 그는 이 신앙고백 문서도 인간이 만든 오류투성이의 문서이므로 이런 신앙고백에 얽매일 필요가 없다고 주장했다.

사람들은 이러한 그의 신학적 견해를 문제라고 지적하면서도 신학적으로 제대로 반박하지 못했다. 이런 가운데 학문적 소양을 갖춘 인물을 찾았고, 마침내 젊은 신학자 아르미니우스에게 코른헤르트의 주장에 반박하는 글을 써 주도록 부탁하였다. 아르미니우스는 이를 수락하고 코른헤르트의 주장을 반박하기 위해 검토하는 중에 그의 주장에도 타당한 일면이 있다고 생각하게 되었다. 코른헤르트처럼 아르미니우스도 칼빈주의 예정론에 비판할 점이 있다고 생각하게 된 것이다. 그러나 아르미니우스는 이런 점을 공표하면 문제가 될 것임을 알고 오랫동안 자신의 생각을 드러내지 않았다.

그러나 아르미니우스는 1603년 라이덴대학 신학부 교수로 취임한 이후부터 칼빈주의 예정론에 대한 불신을 드러내기 시작했다. 즉 '하나님께서는 예수 그리스도 안에서 선택하신 자들에게 자비를 베푸시고, 죄 가운데 유기하신 다른 이들에게는 공의를 행하신다'라는 내용의 '네덜란드 신앙고백' 제16조를 받아들이지 않은 것이다. 이때부터 아르미니우스는 같은 대학 신학부 교수이자 자신의 박사학위 지도교수였던 프란시스쿠스 고마루스Franciscus Gomarus, 1563-1641[2]와 격렬한 논쟁을 전개한다. 예정론을 받아들일 수 없다고 보았던 코른헤르트에게 칼빈주의의 선택과 예정교리를 잘 설명해 주도록 요청받았던 아르미니우스가 오히려 코른헤르트의 입장을 두둔하게 된 것이다.

고마루스는 아르미니우스의 사상이 전통적인 기독교 신앙과 칼빈의 가르침으로부터 떠나 있는 것이며, 구원 사역을 하나님과 인간의 협동 사역이라고 주장하는 신新펠라기우스주의라고 비판했다. 사실 아르미니우스가 예정론 전체를 부인한 것은 아니었다. 그가 문제시한 것은 칼빈주의 예정론에서 하나님의 예정이 인간 개인의 자유의지와 전혀 무관한 것이라고 보는 입장이었다. 아르미니우스는 아담의 타락 이전에 하나님께서 이미 인간의 구원을 예정하셨다고 하는 '타락전예정설墮落前豫定說, Supralapsarianism'에 반대했는데, 이 입장은 인간의 타락도 하나님께서 계획하셨다는 의미이기도 했기 때문이었다. 아르미니우스는 이에 반대하여 하나님께서는 아담의 타락 전에 누가 구원받을 사람인가를 예지豫知, 미리 알다하셨을 뿐이라고 주장했다.

아르미니우스는 한 인간의 구원은 하나님의 주권적 의지에 따라 결정되는 것이 아니라, 예수 그리스도 안에서 주어진 구원의 기회에

---

2. 고마루스는 플랑드르(Flandern) 지방에서 출생하여 스트라스부르크, 독일 노이슈타트(Neustadt), 하이델베르크 등지에서 수학하였고, 1594년 1월 라이덴대학 교수로 취임하여 1611년까지 봉직했다.

인간이 어떻게 반응하는가에 달려 있다고 주장했다.[3] 즉 아르미니우스는 '무조건적 선택' 교리에 반대한 것이다. 이어서 그는 그리스도의 십자가 위에서의 죽음도 택하신 자들만을 위한 죽음이 아니라 만민을 위한 죽음이라고 주장했다. 이런 주장들로 말미암아 네덜란드는 예정론에 대한 격한 논쟁에 휩싸였다.

아르미니우스는 예정론에 관한 입장 외에도 국가와 교회의 관계에 대한 입장에서도 기존의 칼빈주의자들과 큰 차이를 보였다. 그러나 라이덴대학 교수이자 네덜란드 개혁교회 목사로서 그는 네덜란드 개혁교회 표준 신조인 '하이델베르크 신앙문답'을 비판하지 않기로 서약해야 했으며, 교리 문제에 대한 논쟁의 와중에서 1609년 10월 19일, 49세의 나이로 사망하였다.

2. 아르미니우스파의 항의

아르미니우스가 죽은 후 아르미니우스의 제자인 시몬 에피스코피우스Simon Episcopius, 1583-1643가 교수직을 계승했다. 그는 아르미니우스를 대신하여 고마루스와 논쟁했고, 고마루스는 라이덴대학에서 아르미니우스와 그 지지자들을 축출하려고 시도했다. 그러나 이 문제는 단순하지 않았다. 단지 신학적 문제만이 아니라 정치적 문제와도 결

---

3. 김광채, 『근현대교회사』(CLC, 1990), 91-92.

부되어 있었기 때문이다.

당시 네덜란드 스타트하우더르Stad'houder, 총독는 암살당한 초대 총독이자 네덜란드 독립 영웅 오라녜공 빌럼의 아들 마우리츠Maurice van Oranje, 1567-1625였다. 그러나 그는 국정을 관장할 정도의 나이가 되지 못해 실질적인 권력은 빌럼의 친구인 요한 올덴바르네벨트Johan van Oldenbarneveldt의 수중에 있었다. 요한 올덴바르네벨트는 종교 관용파이면서 국가가 교회보다 우선하므로 교회는 국가 휘하에 있어야 한다고 주장하는 에라스투스주의자Erastianist였다. 그런데 바로 아르미니우스파는 교회의 국가 예속을 주장하는 에라스투스주의자들이었고, 따라서 당시 네덜란드 정부 지도자들이 아르미니우스파를 후원하였던 것이다. 반면에 네덜란드 칼빈주의자들은 국가와 교회의 분리, 곧 교회가 정부로부터 독립되기를 주장했다. 바로 이런 문제 때문에 아르미니우스파 논쟁은 단지 신학의 문제만이 아니었다.

아르미니우스주의를 둘러싼 논쟁이 심각해지자 아르미니우스파는 올덴바르네벨트의 충고에 따라 궁정목사였던 요한 우텐보게르트 Johan Wtenbogaert, 1557-1644와 문제 해결을 위해 상의하였고, 이어서 아르미니우스주의를 지지하는 46명의 서명을 받아 네덜란드 의회에 '항의서Remonstran'tie'를 제출하였다. 이때가 아르미니우스가 사망한 이듬해인 1610년 1월 14일이었다. 그래서 아르미니우스파는 '항의자들Remonstrants'이라고 불리기 시작하였다.

이 항의서에서 아르미니우스파는 아르미니우스의 가르침을 기초로 5대 조항을 작성하여, 네덜란드 교회의 공식적인 교리 표준 문서인

'네덜란드 신앙고백'과 '하이델베르크 신앙문답'을 그들이 작성한 이 5대 조항에 준하여 수정해 줄 것을 요구하였다. 두 신앙고백 문서는 하나님의 절대 주권과 인간의 무능력, 무조건적인 선택, 제한된 구속, 불가항력적 은혜와 성도의 견인 교리를 포함하고 있었다. 아르미니우스파는 이 교리들을 거부했던 것이다. 아르미니우스파의 주장은 다음과 같이 정리할 수 있다.

1. 예정에 관하여: 하나님께서는 창세전에 예수 그리스도에 대한 신앙이나 불신앙을 예지하셔서 이를 근거로 구원하시기로 선택하거나 유기하신다.

2. 구속에 관하여: 그리스도께서는 예정된 자들만을 위해서가 아니라 모든 사람을 위해서 죽으셨다.

3. 죄와 자유의지에 관하여: 아담의 타락 이후 인간은 선한 자유의지를 상실하여 스스로는 선을 행할 수 없다. 그러나 그리스도의 구원사역에 응답하는 것은 인간의 자유의지이다.

4. 은혜에 관하여: 하나님의 은혜는 인간 편에서 받아들일 수도 있고 거절할 수도 있으므로 불가항력적不可抗力的, irresistible 이라고 말할 수 없다.

5. 성도의 견인에 관하여: 한 번 거듭난 성도는 하나님의 은혜로부터 떨어져 나갈 수 없고 종국에는 반드시 구원에 이른다는 성도의 견인Perseverantia Sanctorum에 관한 가르침은 성경

의 근거가 모호하다.[4]

이와 같은 아르미니우스파들의 주장은 결코 새로운 사상은 아니었다. 교회사에서 보면 이미 3세기부터 이와 유사한 주장을 하는 이들이 있었고, 5세기 펠라기우스파Pelagian는 구원론에 관하여 아르미니우스파와 거의 동일한 주장을 했다. 그래서 교리사학자인 커닝햄William Cunningham은 다음과 같이 말한 바 있다.

> 칼빈의 칼빈주의에 실질적으로 새로운 그 무엇이 없었던 것처럼 아르미니우스파의 주장에도 새로운 것이 없다. 아르미니우스의 주장은 알렉산드리아의 클레멘트Clement of Alexandria 시대까지 거슬러 올라갈 수 있다. 3세기와 4세기 교부들 중 많은 사람이 이런 주장을 했었는데, 이것은 이교철학의 부패한 영향을 통해서 교회 안에 유포된 것으로 보인다. 5세기 펠라기우스Pelagius와 그의 추종자들은 아르미니우스가 했던 것보다 건전한 교리에서 훨씬 더 이탈했지만, 아르미니우스만큼이나 명확하게 칼빈주의와 반대되었다.[5]

---

4. 후에 아르미니우스파들은 거듭난 신자라도 신앙을 저버리고 구원을 얻지 못할 가능성이 있다고 분명하게 주장하였다. Roger Nichole, "Arminianism," *Baker's Dictionary of Theology*, 64.

5. Cunningham, *Historical Theology*, vol. II, 374.

펠라기우스는 인간의 본성이 죄로 말미암아 부패되었음을 부인하였다. 그는 아담의 범죄가 그 후손에게 전가되지 않는다고 봄으로써 원죄原罪를 부인하였다. 따라서 유아는 타락 이전의 아담과 동일한 상태로 태어난다고 주장하였다. 그의 주된 원리는 '인간의 의지는 절대적으로 자유롭다'는 것으로, 이로써 모든 사람은 복음을 믿을 수 있고 하나님의 율법을 완전히 지킬 수 있는 능력을 그 속에 가지고 있다고 설명하였다.

이에 반해 아우구스티누스Augustinus는 '인간의 본성은 아담의 타락으로 완전히 부패되었기 때문에 어떤 사람도 그 속에 율법이나 복음에 복종할 수 있는 능력을 가지고 있지 못하다'고 주장했다. '그러므로 믿음의 행위는 죄인의 자유의지로 말미암은 것이 아니라 오직 선택된 자에게만 주어지는 하나님의 자유로운 은혜로 말미암는다'는 것이다. 칼빈은 이러한 아우구스티누스의 견해를 그대로 계승하였다.

아르미니우스파들은 항의서에서 5대 조항 이외에도 국가와 교회의 관계에 대해 언급하며, 국가는 어떤 교리가 바른 것인지를 결정할 권리가 있다고 주장하였다.[6] 이 주장을 에라스투스주의를 선호하는 올덴바르네벨트 등의 지도자들이 환영했다. 이렇게 사태가 정치적인 문제와 결부되자 칼빈주의자들은 네덜란드 개혁교회Nederlandse Hervormde Kerk로부터의 분리를 추진하여 1615년에는 일부 목사가 새로운 노회를 조직하고 분리를 선언했다.

---

6. 김광채, 95.

이런 혼란 가운데 총독 마우리츠는 아르미니우스파를 지지하는 궁정목사 우텐보게르트가 설교하는 교회에서 예배드리기를 거부하며 올덴바르네벨트의 관용파와 대립했다. 그는 1617년에 문제 해결을 위해 교회회의 소집을 지시하고 관용파의 대표자인 올덴바르네벨트와 그로티우스Hugo Grotius, 1583-1645를 체포했다. 휴고 그로티우스는 유명한 국제법학자이자 관용파의 인물로서 아르미니우스파를 지지했다. 이로써 관용파를 제거한 마우리츠는 1618년 11월 13일에 아르미니우스주의 논쟁을 처리하기 위해 국가교회회의를 소집했는데, 그것이 '도르트 회의'였다.

3. 도르트 회의

도르트Dordt는 도르트레흐트Dordrecht의 축약어이다. 네덜란드 남부 도시인 도르트레흐트는 로테르담에서 동남쪽으로 15킬로미터 떨어진 지점에 있는 도시였다. 이곳에서 1618년에 열린 교회회의에는 네덜란드 개혁교회 대표만이 아니라 영국, 독일, 스위스, 프랑스 등 유럽의 모든 개혁교회 대표들이 초청되었다. 라틴어로 진행된 이 도르트 회의는 1618년 11월 13일부터 1619년 5월 9일까지 7개월 동안 총 154회의 회의를 열었다.

이 회의에는 84명의 네덜란드 개혁교회 회원과 18명의 평신도 의원과 영국, 독일의 나사우, 브레멘, 엠덴, 팔츠, 헤센, 스위스의 바젤,

도르트 회의(1618-9) 전경. 정면 상단이 의장석이고, 중앙의 긴 책상이 아르미니우스파들(항의자들)의 좌석이다. 의장단 오른편의 비어 있는 두 줄은 프랑스 개혁교회 대표단을 위한 자리였다. 프랑스 교회 대표는 참석하지 못해 빈 자리로 남아 있다. Rijksmuseum 소장 작품.

베른, 샤프하이젠, 제네바, 취리히 등에서 온 27명의 외국교회 대표 등 129명이 참석하였다. 네덜란드 정부가 유럽의 여러 나라 개혁교회에 대표의 파송을 요청하자 잉글랜드, 독일, 스위스의 개혁교회들은 대표를 파송했으나, 프랑스 개혁교회는 대표단까지 선정해 두고도 정부의 허락을 얻지 못해 대표단을 보내지 못했다. 당시 로마 가톨릭을 지지하던 루이 13세Louis XIII의 프랑스 정부는 개신교 지역인 '저지대低地帶'로의 여행을 허락하지 않았던 것이다. 동유럽의 개혁교회들도 대표들을 파송하지 못했다. 그렇지만 유럽 대륙의 광범위한 지역에서 여러 대표들이 참석하여 개혁교회가 당면한 신학적 도전에 대해 함께 고심했다.

이 회의에서는 아르미니우스파의 주장이 면밀히 검토되었다. 도르트 회의 회원들은 아르미니우스파의 5대 조항의 내용과 성경의 근거들을 비교하여 검토하고, 이 5개조가 성경과 조화되지 않음을 확인하고 만장일치로 거부하였다. 또 144차 회의에서는 '네덜란드 신앙고백'과 '하이델베르크 신앙문답'의 내용을 검토하였다. 회원들의 관심은 이 두 신앙고백서가 하나님의 계시된 말씀과 다른 지역 개혁교회의 신앙고백서들과 일치하지 않는 부분이 있는가를 검토하는 데 있었다. 그리고 마침내 제146차 회의에서는 네덜란드 개혁교회의 두 신앙고백 문서가 모든 면에서 성경과 다른 지역 개혁교회의 신앙고백 문서들과 일치한다고 보고하였다.[7]

이 회의에서 아르미니우스파, 곧 '항의자들'은 회원으로서의 자격이 아니라 피고被告의 자격으로 참석하였다. 항의자들을 대표하여 시몬 에피스코피우스가 5대 조항에 대해 설명했으나 받아들여지지 않았다. 도르트 회의의 회원들은 아르미니우스파의 주장을 단순히 거부

---

7. 캄파위스, 47, 49.

하는 것으로는 충분치 않다고 보았고, 이 회의에서 논의되었던 문제들에 대한 칼빈주의의 입장을 천명하는 것이 필요하다고 보았다. 그래서 아르미니우스파의 5대 조항에 반대되는 5개조 93개항의 문서를 작성했는데, 이것이 바로 '도르트 신조Dordtse Leerregels'이며, 이 문서의 내용이 '칼빈주의 5대 교리'이다. 이 회의가 아르미니우스파의 주장에 반대하여 칼빈주의 예정 교리를 변증하는 것이 목적이었기 때문에 이 문서는 칼빈주의 예정론을 제1조에서 18개항에 걸쳐 자세하게 서술하고 있다.

도르트 회의가 끝난 후 관용파의 지도자인 올덴바르네벨트는 1619년 5월에 참수형에 처해졌고, 도르트 신조에 서명하기를 거부한 100여 명의 교직자들은 아르미니우스파로 간주되어 국외로 추방되었다. 아르미니우스파에게도 종교적 관용이 주어진 때는 1625년 이후였다.[8]

도르트 회의에서 논의된 칼빈주의와 아르미니우스주의의 차이는 다음과 같다.

교리	아르미니우스주의Arminianism	칼빈주의Calvinism
예정	조건적 선택예지예정	무조건적 선택
속죄	만인을 위한 속죄보편구원설	택자만을 위한 속죄
인간	자유의지 인정	전적 타락과 전적 무능력
은총	거절할 수 있음	거절할 수 없음
성도의 견인	의심함	인정

---

8. 김광채, 98.

칼빈주의와 아르미니우스주의의 차이점에 대해 제임스 패커James Packer는 다음과 같이 설명했다.

칼빈주의와 아르미니우스주의의 차이점은 근본적으로 강조점에 대한 것이 아니라 그 내용에 관한 것이다. 하나는 구원하시는 하나님을 선언하고, 다른 한편은 인간으로 하여금 그 자신을 구할 수 있도록 하시는 하나님에 대해서 말하고 있다. 칼빈주의는 잃어버린 인류의 회복을 위한 거룩하신 삼위일체 하나님의 세 가지 위대한 사역을 말해 주고 있는데, 그것은 성부에 의한 선택, 성자에 의한 구속, 성령에 의한 부르심이다. 그러나 아르미니우스주의는 구속의 대상은 모든 인류이며, 선택의 대상을 그것을 듣고 응답하는 자들로 보며, 소명의 대상을 복음을 듣는 자들로 보고 있다. …… 전자는 구원이 하나님의 사역에 의존하지만 후자는 구원을 인간이 하는 일에 관한 것으로 설명한다. 전자는 믿음을 하나님께서 주시는 구원의 선물로 간주하지만, 후자는 구원을 향한 인간의 노력으로 생각한다.

아르미니우스파는 개혁교회에서 발생한 최초의 심각한 교리적 이탈이었다. 그러나 이들의 주장은 거부되었고 이를 통해 개혁주의의 입장은 보다 선명히 표현되었다. 양 신학 체계의 차이에 대해서는 앞에서 자세하게 다루었지만, 17세기 네덜란드에서 일어난 이 논쟁을 통해 하나님의 주권, 예정과 선택, 인간의 무능력 등 개혁주의 구원관이

보다 분명하게 정립되었다. 개혁주의는 합리주의적인 신학이 아니며, 인간 구원에 대해 하나님의 절대 주권을 강조한다. 아르미니우스파의 교리는 네덜란드에서는 거부되었으나 영국으로 건너가 웨슬리에게 큰 영향을 끼쳤고, 이후 웨슬리의 사상에 기초한 감리교회와 성결교회의 신학적 뼈대를 이루게 되었다.

4. 칼빈주의 5대 교리: T.U.L.I.P

도르트 회의에서 선언된 5개조를 간단히 요약하면 다음과 같다.

1. 선택은 '창세전부터' 하나님의 뜻을 따라 이루어졌다.
2. 그리스도의 속죄의 효과는 선택받은 사람에게만 미친다.
3. 타락으로 인간은 부패하고 무능력한 상태에 놓이게 되었다.
4. 거듭남은 영혼과 의지의 내적 변화이며, 하나님의 놀랍고도 신비로운 역사이다.
5. 하나님께서는 선택하신 자들을 보존하셔서 궁극적으로 은혜에서 떨어져 나가지 않게 하신다.

아르미니우스파의 주장과 반대로 전적 타락, 무조건적 선택, 제한된 구속, 불가항력적인 은혜, 그리고 성도의 견인堅忍 등의 다섯 가지 교리로 정리될 수 있다. '칼빈주의 5대 교리'라는 이름 그대로 다섯 개의 교리이지만 사실 이것은 오직 '구원은 전적으로 하나님께서 하시는 일이다'라는 하나의 교리이다. 다시 말하면 '죄인들을 하나님께서 구원하신다'라는 가르침이다. 단지 그 의미를 잘 이해하기 위해 다섯 개로 구분하여 설명할 뿐이다.

이제 5대 교리에 대해 좀 더 설명해 보고자 한다. 여기서 중요한 것은 어떻게 이 다섯 가지가 '5대 교리'가 되었는가 하는 점이 아니라, 이 교리들이 성경에서 근거를 찾을 수 있는 타당한 교리인가 하는 점이다. 흔히 5대 교리를 기억하기 편리하도록 각 교리의 영어 첫 문자를 따다 네덜란드 국화인 '튤립TULIP'으로 배열한다.

전적 타락(Total Depravity)

전적 타락이란 인간 전체가 부패하여 온전히 선을 행할 의지나 능력이 없으며 결코 구원에 기여할 수 없음을 의미한다. 모든 사람이 범할 수 있는 모든 죄를 범하는 것도 아니고 누구나 최악의 죄를 범하는 것도 아니며 어느 정도는 선을 행할 수도 있지만, 사람이 하는 모든 행동은 죄로 물들어 있다. 사람은 참으로 하나님을 기쁘시게 하는 일을 단 하나도 행할 수 없다창2:17, 6:5, 시51:5, 롬5:12-19, 고전2:14, 고후1:9, 엡2:12.

전적 타락이 상대적인 선조차 행할 수 없는 완전한 타락을 의미하지는 않는다. 인간이 행하는 모든 일이 죄로 물들어 있다는 의미이지, 모든 사람이 더 악한 죄를 범할 수 없는 지경이라는 의미가 아니다.

타락에 대한 로마 가톨릭, 성공회, 그리고 장로교회의 입장을 비교하면 다음과 같다.

로마 가톨릭 Roman Catholic *Canones et Decreta* *Concilii Tridentini, sessio* *Quinta*, 1. 17. Jun. 1546. '트리엔트 공의회 문서'	"*To tumque Adam per illam praevaricationis offensam secundum corpus et animam in deterius commutatum fuisse.*" "아담의 바로 그 죄 때문에 상한 육신과 영혼을 따라서 더 나쁘게 확실히 변화되었다."
성공회(영국교회) Church of England '39개조'	"*Fit vt ab originali iustitia quam longissime distet.*" "원래 의에서부터 할 수 있는 대로 멀리 떠났다" "Man is very farre gone from originally righteousness." [아담의 죄 때문에] "인간이 원래 의에서부터 멀리 떠나 있다."
장로교회 Presbyterian Church '웨스트민스터 신앙고백' 제6장 「인간의 타락과 죄와 형벌에 관하여」	"Our first parents ...... so became dead in sin and wholly defiled in the faculties and parts of soul and body. They being the root of all mankind, the guilt of this sin was imputed, and the same death in sin and corrupted nature conveyed, to all their posterity ...... whereby we are utterly indisposed, disabled, and made opposite to all good, and wholly inclined to all evil." "우리의 시조들은 …… 죄 가운데 죽게 되었고, 영과 육의 모든 기능과 부분이 전적으로 더럽혀지고 말았다. 그들이 온 인류의 시조이기 때문에, 그들이 범한 이 같은 죄의 죄책은 모든 후손들에게 전가되었고 …… 그로 말미암아 우리는 모든 선한 일을 행하고자 하는 마음이 전혀 없고, 행할 능력도 없고, 반대편에 서 있고, 전적으로 모든 악을 향하여 전적으로 기울어져 있다."

정리하면 로마 가톨릭은 상대적으로 '더 나쁘게 변화되었다'라고 했고, 장로교회는 훨씬 부정적으로 '전적으로 부패되었다'라고 했으나, 성공회는 '아주 멀리 떠났다'라고 하여 중도적 입장을 취했다. 인

간의 타락에 관한 이러한 입장의 차이는 교회의 신학과 구원관에 심대한 영향을 주고 있다.

무조건적 선택(Unconditional election)

선택 교리는 구원에 대한 예정론의 특수한 적용인데, 인간 구원에 있어서 하나님의 주권을 강조한다. '무조건적 선택'이란 하나님께서 창세전에 인간을 구원하기로 선택하시거나 유기하기로 예정하시되, 오직 그분께서 기뻐하시는 뜻에 따라 그렇게 하셨음을 의미한다 마15:16, 엡1:4-5, 행13:48, 요15:16. 즉 선택받은 자와 멸망당할 자 사이에는 아무런 윤리적 차이가 없다. 사람의 윤리적 행위를 보고 선택하신 것도 아니고, 심지어 사람의 믿음을 보시고 선택하신 것도 아니라, 하나님의 무조건적 선택이다. 무조건적 선택 교리는 전적 타락 교리의 논리적인 귀결이다.

제한된 구속(Limited Atonement)

그리스도의 속죄는 전 인류를 위한 것인가, 아니면 선택하신 자만을 위한 것인가? 이 질문에 대한 도르트 회의의 설명이 '제한된 구속'인데, 이 말은 오직 선택된 자만이 그리스도의 속죄로 구원을 받는다는 것을 의미한다고후5:21, 엡1:4. 이를 달리 말하면 그리스도의 구속 사역은 오직 구원에 이르도록 예정된 자에게만 효력이 있다는 의미이다. 그리스도의 죽음은 만민을 위한 것이 아니라 선택된 자들만의 속죄를 위한 죽음인 것이다.

이 점에 대해 칼빈은 "속죄는 모든 사람의 구원에 충분하지만, 선택된 사람에게만 유효하다"라고 했다. 이 교리는 그리스도께서 성취하신 속죄의 가치와 능력이 어떤 한계를 지니고 있음을 뜻하는 것이 아니다. 예수님의 속죄는 전 인류를 구원하기에 충분하지만 그 목적과 적용이 제한되어 있음을 말하는 것일 뿐이다. 그러므로 이 교리를 보통 '제한된 구속Limited Atonement'이라고 말하지만 '한정된 구속 Definite Atonement'이라고 하는 것이 더 적절해 보인다.

불가항력적 은혜(Irresistible Grace)

거듭남은 전적으로 하나님께서 선택하신 사람에게 효력 있게 일하신 결과이다. 불가항력적 은혜라는 말은 이러한 중생의 은혜가 주어지는 것을 인간이 거부할 수 없다는 의미이다요6:37-40, 롬8:30. 인간은 근본적으로 부패되어 자력으로는 거룩해질 수도 없고 구원에 이를 수도 없다. 그러므로 인간이 거듭나는 일은 오직 주권자 하나님께서 선택하신 자들에게 주시는 은혜의 산물이다. 이 교리는 은혜는 값없이 베풀어 주시는 호의好意이며, 하나님께서 우리의 구원을 위해 주권적으로 일하신다는 점을 강조한다. 이를 감안하면 'Irresistible거부할 수 없는 Grace'보다는 'Invincible아무도 꺾을 수 없는 Grace'라는 말이 더 적절할 것이다.

성도의 견인(Perseverance of the Saints)

성도의 견인堅忍이란 성도의 보전保全이라고도 불리는데, 선택된 자는 한때 타락할 수는 있어도 궁극적으로는 반드시 구원받게 된다는 것을 의미한다. 즉 하나님께 선택받은 자는 인간의 연약함에도 불구하고 구원이 보장되어 있다는 것이다요6:39, 10:28, 롬5:10, 8:1, 벧전5:10. 하나님께서 선택하신 자들을 위해 그리스도께서 죽으셨고 성령께서 그들을 거듭나게 하셔서 하나님 나라의 백성으로 삼으시므로, 이 세상에서나 내세에서나 그 어떤 것도 성도를 하나님의 사랑에서 떼어 놓을 수 없다. 이런 점에서 '궁극적 구원'으로 불리기도 한다.

성도의 견인 교리는 그리스도인에게 죄가 없음을 의미하지는 않는다. 그리스도인들도 죄를 범할 수 있고 어떤 경우에는 크게 타락할 수도 있지만, 선택받은 자는 종국에는 구원받게 된다는 것이다. 즉 하나님의 선택이 인간의 행위로 무효화될 수 없음을 의미한다. 아르미니우스주의자들이 말하는 것처럼 만일 믿는 사람이라도 구원에서 떨어져 나갈 수 있다고 한다면, 하나님께서 주권적으로 선택하셨다고 할 수 없을 것이다.

그러므로 신자는 누구나 이미 영생을 얻은 것이다. 성도의 견인은 하나님의 오래 참으심을 근거로 하며, 하나님의 영원한 무조건적 선택에 기초한다. 한 번 구원을 받은 사람은 계속해서 구원받을 사람이므로 곧 영원한 생명을 소유한 사람이다.

7장
개혁주의와 인간의 삶

1. 하나님의 섭리와 역사 현실

그리스도인으로서 오늘의 현실을 바라보면 하나님께서 역사의 주관자일까 하는 의문을 갖게 된다. 하나님께서는 살아 계시는가? 그리고 그분께서 지금도 인간의 역사 속에 개입하시고 간섭하고 계시는가? 그렇다면 어떻게 세상에 악이 존재하고 의로운 사람이 고통을 당하며, 불의한 자가 부와 명예를 누리는가? 어떻게 광포한 자들이 득세하고 참혹한 일들이 줄을 잇고, 무죄한 이가 칼날에 쓰러지고, 의로운 외침이 왜곡되고, 경건한 그리스도인이 억울하게 죽어 가고 있는가? 정말 하나님께서는 지금도 살아 계시고 우리의 역사와 삶 속에서 일하시고 간섭하시고 통치하고 계시는가?

이런 종류의 질문에는 오랜 역사가 있다. 시편 기자는 천재天災와 인재人災의 현장에서 "너의 하나님은 어디에 있는가?"라는 질문을 던진다. 주전 12세기 무렵의 욥은 '왜 의인이 고통을 당해야 하는가?' 하는 의문을 제기한 바 있다. 일본의 도쿠가와 막부德川幕府 치하에서 가톨릭 신자들이 심각한 고통을 당했을 때도 신자들은 동일한 질문을 했다. 엔도 슈사쿠遠藤周作의 『침묵』에는 이런 문제에 대한 작가의 고뇌가 나타나 있다. 나치Nazi의 지배 아래에서 유대인들의 질문도 동일했다. 아우슈비츠Auswitz에서 기적적으로 살아남은 엘리 위젤Elie Wiesel은 고난과 고통의 여정을 그린 그의 책 『밤La Nuit』에서 이렇게 썼다.

비밀경찰은 두 유대인 남자와 한 소년을 수용소의 동료들이 다 모여 있는 곳에서 교수대에 매달았다. 두 남자는 빨리 죽었지만 그 소년의 죽음에로의 투쟁은 반 시간이나 걸렸다. 이때 내 뒤에 서 있던 한 사람이 혼자 중얼거렸다. "하나님이 어디 있는가? 그는 어디에 있단 말인가?" 오랜 시간이 지난 뒤였으나 그 소년은 여전히 밧줄에 매여 괴로워했다. 나는 또 한 사람이 하는 말을 들었다. "하나님은 지금 어디에 계시는가?" 나는 이때 내 마음 속으로 이렇게 말했다. '그는 어디에 있는가? 그는 여기에 있다. 그는 저기 교수대에 매달려 있다.'[1]

만일 하나님께서 살아 계신다면 왜 이 살육의 현장에서 침묵하고 계시는가? 이것이 유대인들이 가졌던 고뇌이자 절규이기도 했다. 우리라고 이런 의문이 없을 수 없다. 기독교의 하나님께서는 고대 그리스의 무감각한apatheia 신과는 다른 분이셔서 인간의 아픔과 고난에 공감하시는 하나님이시다. 그렇다면 하나님께서는 지금도 인간의 고난의 현실에서 그분의 감정을 쏟으시며, 인간의 삶의 여정을 다스리시며 섭리하시고 계실까?

인간의 역사 속에서 하나님의 역할이 어떠한가에 대해서는 크게 세 가지 견해가 있다. 첫째는 하나님께서는 인간의 역사와 삶 속에 아

---

1. E. Wiesel, *Night* (New York: Hill&Wang, 1969), 75-76. 위르겐 몰트만, 『십자가에 달리신 하나님』(김균진 역, 한국신학연구소, 1979), 291.

무런 통치권도 행사하지 않으신다는 견해이고, 둘째는 하나님께서 전적으로 간섭하시고 섭리하신다는 견해이며, 셋째는 궁극적으로 하나님께서 역사를 통치하시지만 인간 의지의 영역이 여전히 남아 있다는 견해가 그것이다. 이 세 가지를 순차적으로 평가한 후, 개혁주의의 입장에서 하나님의 섭리가 역사를 움직이는 근본적인 힘인가에 대해 살펴보고자 한다.

섭리하시는 하나님

고대 로마인들은 포르투나Fortuna, 곧 '행운의 여신'이 인간의 삶의 행로를 결정한다고 믿었다. 포르투나는 그리스 운명의 세 여신 모이레Moirae 중 행운의 여신인 티케tyche가 로마에 와서 얻은 이름으로, 로마인들은 포르투나에게 제국과 인간의 운명을 좌우하는 불가항력적인 힘이 있다고 믿었다.[2]

그러나 성경은 하나님께서 지금도 우리 역사歷史에 간섭하셔서 역사 가운데 일하신다고 가르친다. 이를 하나님의 '섭리攝理'라고 하는데, 라틴어로는 '프로비덴티아Providentia'라고 말한다. 이 말은 '앞서 pro 본다video'라는 뜻으로 '앞서서 예비한다'를 의미한다. 이 '프로비덴티아'라는 말은 아브라함이 모리아산에서 이삭에게 했던 '하나님이 자기를 위하여 친히 준비하신다Deus providebit' 창22:8라는 말에서 왔다. 하나님께서 우주를 창조하시고 그 모든 것을 보존하시고 통치하신다

---

2. R. H. 베인튼, 『역사와 희망』(김상신 역, 대한기독교서회, 1980), 15.

는 뜻을 담고 있다.

하나님께서는 역사의 전 과정을 주관하시되욥38-욥39, 시139:13-28, 잠 21:1, 사14:26-27 "바람을 자기의 사자로 삼으시고 화염으로 자기의 사역자를 삼으시고"시104:4, "열방을 치리하시고"시47:8, 심지어는 화살의 방향이나왕상22:34 공중의 새마6:26나 시장에서 팔리는 참새 두 마리마 10:29, 눅12:6-7에게까지 섭리하신다. 열방을 치리하시고시47:8, 강한 손과 펴신 팔로 인도하시고신5:15 만물을 붙드신다히11:3. 그분의 섭리는 만물 위에 있다사41:2-4, 행17:24-28. 그래서 우리는 하나님께서 만물의 창조자이실 뿐 아니라 역사의 주관자이시며, 인간을 통치하시기 위해 역사에 개입하신다고 믿는다. 이 내용이 성경 전편에 산재되어 있지만, 특히 창세기 50장은 이 점을 선명하게 보여 준다.

창세기를 마감하는 마지막 부분인 50장 20절에서 요셉은 하나님께서 인간의 삶을 주관하시고 역사를 통치하신다는 사실을 고백하고 있다. 아버지 야곱이 '나그네 길의 험악한 세월'창47:9 147년을 마감하고 애굽에서 죽었다. 그러자 아버지 야곱이 살아 있는 동안은 참고 지내던 동생 요셉이 형들의 악행을 잊지 않고 보복할지 모른다는 두려움이 형들에게 엄습해 왔다. 그래서 형들은 동생 요셉에게 찾아가서 자신들의 죄를 용서해 달라고 간청했다창50:15-17. 이때 요셉은 "당신들은 나를 해하려 하였으나 하나님께서는 그것을 선으로 바꾸어 오늘과 같이 많은 백성의 생명을 구원하게 하려고 하셨다"라고 고백했다 창5:20. 요셉은 애굽에서 갖은 고생을 했으나 하나님께서는 요셉을 통해 하나님의 백성을 구원하시는 역사役事를 수행하셨다는 것이다.

야곱의 식구들이 양식을 구하기 위해 애굽에 내려갔을 때가 흉년이 시작된 지 2년째였다. 흉년은 앞으로 5년 더 계속될 것이다. 만일 하나님께서 요셉을 애굽에 미리 보내지 아니하셨다면 야곱의 식구들은 살아남지 못했을 것이다. 역사의 주관자이신 하나님께서 인간의 역사 속에 개입하시고 하나님의 백성을 '선한 길'로 인도하셨던 것이다.

하나님의 통치와 간섭, 곧 하나님의 섭리 교리는 17세기 이래로 '이신론理神論, Deism' 혹은 '자연신론自然神論'과 '계몽주의啓蒙主義, Enlightenment'[3]의 맹렬한 공격을 받아 왔다. 영국에서 시작된 이신론은 하나님神의 창조는 인정하지만 창조하신 세계를 통치하거나 간섭하지는 않으신다고 주장한다. 이신론은 하나님을 '건축자'나 '시계공'에 비유하면서 하나님께서는 인간과 자연계에 자율성을 부여하고 스스로 운행되도록 만드셨다고 한다. 따라서 하나님의 역사 개입이나 통치는 불필요하게 되었다. 즉 하나님께서 인간의 역사 속에 내재內在하지도 않으시고, 인간의 삶의 주권자도 아니시며, 섭리자도 아니시라고 주장한다. 창조된 후부터는 세계와 인간의 역사가 그저 자연법칙에 따라 움직인다는 뜻이다.[4] 자연과 신을 동일시하는 범신론汎神論, Pantheism도 이신론과 마찬가지로 하나님의 섭리를 인정하지 않는다.

마르크스주의Marxism도 하나님의 다스림을 부정해 왔다. 마르크스Karl Marx, 1818-1883나 포이어바흐Ludwig Feuerbach, 1804-1872, 혹은 엥겔

---

3. 16세기에 시작된 인간 중심의 합리주의 사상. 기존의 중세 기독교적 사유를 무지몽매한 것으로 여겨 이로부터의 계몽을 추구했다.

4. Roy Swanstrom, *History in the Making* (Downers Grove: IVP, 1978), 121.

스Friedrich Engels, 1820-1895는 종교란 결국 인간의 자기투사自己投射, 대상에 자신을 반영시킴에 지나지 않는다고 이해했다. 유물론자들인 이들은 '움직이는 물질matter in motion'만이 궁극적 실재窮極的 實在라고 하면서 신의 존재와 인간의 영적 본성을 부인하였다. 이들은 역사를 단순히 경제적 관점에서 보아, 역사의 과정이 경제적 지배계급과 피지배계급 간의 내적인 투쟁으로 결정된다고 보았다. 따라서 이들의 입장에서는 역사 속에서 일하시는 하나님의 손길을 부인한다.[5]

현대의 과학주의科學主義, Scientism 또한 하나님의 다스림을 부정한다. 자연 현상들을 과학적으로 해명할 수 있게 되자 우주와 인간을 어떤 과학적 인과율로 파악하여, 역사 밖의 신의 간섭으로 여기지 않게 되었다. 말하자면 과학주의는 하나님의 섭리와 다스림이라는 가르침을 약화시켜 왔다.

현실적으로 인간이 경험했던 재앙이나 파국破局 또한 하나님의 다스림을 불신하게 만들었다. 아우슈비츠 학살이나 히로시마 원폭, 엄청난 자연 재해, 죄 없는 자의 죽음 등의 재난은 하나님의 존재와 다스림을 의문시하게 만들었고, 결국 하나님의 주권이나 섭리는 숙명론宿命論적인 종교적 믿음에 지나지 않는다고 생각하게 된 것이다. 대다수의 역사가들은 역사를 움직이는 궁극적 동인動因에 대해서는 아무런 언급도 없이 역사적 사건들을 역사 내적인 어떤 법칙이나 인과론으로 기술하고 있다. 즉 환경의 영향, 권력 의지, 진보의 법칙, 혹은 우연의

---

5. 이상규, 「기독교적 역사이해」, 『통합연구』 23호(1994. 8), 15, 24, 26.

결과 등으로 역사를 해석한다.

이런 우리의 현실에서 독일의 신학자 몰트만Jürgen Moltmann, 1926-현재은 그의 『십자가에 달리신 하나님Der gekreuzigte Gott』을 통해 하나님과 현실을 밀접하게 관련시킨다. 몰트만은 전통적인 유신론有神論, Theism에서는 신이 고난을 받거나 죽을 수 없었던 반면, 기독교의 하나님께서는 고난 받는 자들 중에 계시고, 하나님 안에 고난이 있다고 말한다. 말하자면 그는 하나님께서 우리를 통치하신다는 가르침을 바꿔 말하여 '하나님께서 우리와 함께 고난 받으신다'고 했다. 하나님께서 우리 신자들과 한편이 되셔서 우리와 함께 계신다고 주장한 것이다.[6] 이는 하나님의 역사 간섭과 통치를 배제하는 주장이었다.

성경은, 하나님께서는 초월적 존재이시지만 역사 너머에서 팔짱 끼고 서 계시는 것이 아니라, 인간의 역사 한복판에서 그 역사를 주관하시고 통치하신다는 점을 가르쳐 주고 있다. 이것이 창세기가 가르치는 신관神觀이다. 하나님께서 역사를 다스리시고 간섭하신다는 점을 보여 주는 성경의 가르침은 창세기 외에도 수없이 많다. 프랑스 계몽주의 사상가 볼테르Voltaire, 1694-1778는 "역사는 인간의 그림자"라고 하여 인간이 역사의 주체인 것처럼 말했으나, 성경은 하나님께서 역사의 주체이시며 지금도 우리 가운데 역사하고 계신다고 가르친다. 그래서 시편 기자는 "나의 앞날이 주의 손에 있사오니"라고 고백했던

---

6. 몰트만은 그의 『십자가에 달리신 하나님(Der gekreuzigte Gott)』에서 인간의 고통 가운데 함께 계시며 우리와 함께 고통을 당하시는 하나님을 해명하고자 했다.

것이다시31:15.

히브리인들의 역사 이해에서 가장 중요한 출발점은 하나님의 창조였다. 천지를 창조하신 하나님께서는 초월적 존재이시지만, 그분께서 창조하신 인간의 구체적인 역사의 현장에 오셔서 일하시고 섭리하신다고 믿었다. 이 점이 신구약성경 전권에서 끊임없이 강조되고 있다. 즉 모든 역사의 과정은 자율적이거나 우연적인 것이 아니라 하나님께서 주권적으로 개입하시고 간섭하시고 섭리하신다는 말이다. 그래서 기독교의 역사관을 섭리사관攝理史觀이라고 부른다.[7]

성경이 가르치는 바와 같이 하나님께서는 초월자시되 인간의 역사 현실과는 무관하신 분이 아니라, 인간의 삶과 역사를 온전히 통치하시는 '섭리하시는 하나님'이시다. 이 점을 처음으로 분명하게 밝힌 사람은 아우구스티누스Augustinus였다. 아우구스티누스는 펠라기우스주의Pelagianism에 대항하는 과정에서 이 교리를 발전시켰는데, 당시 펠라기우스파들은 인간 구원의 결정적 요인은 인간의 의지라고 주장하였다. 이에 맞서 아우구스티누스는 세상 모든 것이 하나님의 온전한 통치 아래 있다고 주장하고, 심지어 인간이 하나님의 명령에 불순종하는 것처럼 보이는 것도 실상은 하나님의 계획을 드러내는 것에 지나지 않는다고 주장했다.

이는 하나님께서는 설령 인간이 불순종하더라도 그분께서 정하신 뜻을 이루어 가신다고 보았기 때문이다. 따라서 아우구스티누스는 역

---

7. 이상규, 「기독교적 역사이해」, 25.

사의 과정에서 하나님과 무관한 인간의 독립적 행위나 우연은 존재하지 않는다고 말한다. 이런 그의 사상은 근본적으로 하나님의 절대 주권 사상에 기초한다. 아우구스티누스는 이렇게 말한다.

그 어떤 것도 전능자가 의도하지 않는 것은 일어나지 않는다. 하나님께서는 어떤 일이 일어나도록 허용하시거나 실제로 일어나게 하신다. …… 우리가 이 점을 믿지 않는다면 전능하신 하나님에 대한 믿음을 고백하는 우리의 신앙고백의 기초부터 흔들리지 않을 수 없다. 그분께서 전능자라고 불리시는 이유는 그분께서 원하신다면 무엇이든지 할 수 있으시기 때문이며, 다른 어떤 피조물에게도 그분의 전능한 의지가 방해받지 않기 때문이다. 기이한 일이라 할지라도 그분의 뜻에 반하는 어떤 일도 그분의 뜻 없이는 일어나지 않는다. 하나님께서 허용하지 않으시는 한 어떤 일도 일어나지 않는다. 분명코 그분께서 허용하신 것은 하나님께서 의도치 않으신 것이 아니라 의도하신 것이다.[8]

이와 같은 아우구스티누스의 견해는 아퀴나스를 비롯한 중세의 대표적인 신학자들에게 지지를 받았고, 16세기에는 루터나 칼빈도 이런 견해를 지지했다. 특히 칼빈은 아우구스티누스의 견해를 더욱 발

---

8. Albert C. Outler, ed., *Augustine: Confessions and Enchiridion* (Westminster Press, 1960), 365, 399.

전시켰다.[9]

하나님의 주권과 인간의 자유의지

하나님께서 인간의 역사를 다스리시고 간섭하신다고 말할 때 세상이 정의롭고 공평하기만 하다면 아무 문제가 없을 것이다. 물론 무엇이 정의이며 무엇이 공평한 것인가에 대해서도 이견이 있을 수 있지만, 역사 안에서 일어나는 수많은 일들이 사랑의 결과이거나 정의로운 일이 아니다. 하나님께서 간섭하시고 통치하시는데 어떻게 악이 성하며, 신자가 역경을 당하며, 의로운 자가 죽임을 당하는가 하는 질문은 하나님께서 우리의 삶과 현실에 어느 정도까지 섭리하시는가 하는 질문이기도 하다. 이런 질문은 특히 역경에 처한 이들에게는 심각한 질문일 것이다. 이런 질문에 어떻게 답하느냐가 우리의 역사 이해에 영향을 끼칠 뿐만 아니라 하나님에 대한 이해, 곧 신관神觀을 드러낸다.

이 문제는 하나님의 주권과 인간의 자유의지와의 관계에 관한 문제로 이어진다. 하나님의 주권만을 강조하면 인간의 자유의지는 무시되고, 인간의 자유의지를 강조하면 하나님의 주권은 일정 부분 유보되지 않으면 안 된다. 어떤 이는 하나님의 주권과 인간의 의지 사이에 어느 정도의 중립 영역을 인정하지 않으면 안 된다고 주장하기도 한다. 하나님께서 역사 속에 개입하시고 간섭하시는 것이 분명하다면,

---

9. Swanstrom, 137.

어느 정도까지 개입하시고 간섭하시는가? 정의로우시고 공의로우신 하나님께서 인간의 삶의 모든 영역에 개입하신다면 왜 불의와 악이 남아 있는가?

이 문제와 관련하여 영국의 기독교 사학자인 허버트 버터필드 Herbert Butterfield, 1900-1979의 설명이 하나의 해결책일 수 있다. 그는 하나님의 주권과 인간의 자유의지의 관계를 위대한 작곡자와 그의 곡을 연주하는 오케스트라 단원의 관계로 설명한 바 있다. 하나님께서는 인간의 삶과 역사의 매 순간에 섭리하셔서 개입하시고 인도하시지만, 인간들이 저지르는 실수가 문제와 고통을 발생시킨다는 것이다. 허버트는 인간이 하나님께서 작곡하신 본래의 곡을 잘못 연주할 수 있다고 말한다. 그는 "우리는 그 음악이 실제로 연주되어서 과거의 사건이 될 때, 그것이 마치 작곡자가 의도했던 바대로 연주되었다고 생각하고 싶은 유혹을 받게 된다."라고 말한다.[10] 즉 사건의 전 과정에서 하나님의 의도와는 달리 인간의 자유의지가 행사될 수 있으나, 우리는 하나님께서 인간의 역사를 필연적으로 처음부터 그렇게 예정하셨다고 상상하도록 유혹받게 된다는 것이다.

정리하면, 버터필드는 인간은 자신의 죄와 어리석음 때문에 하나님의 뜻을 거역할 수 있으며, 인간이 하나님께서 인간에게 주신 자유의지를 잘못 사용했기 때문에 역사 속에서 악과 고난, 슬픔과 재난을 맞닥뜨리게 된다고 본 것이다. 즉 역사 과정은 하나님의 섭리 과정 속에

---

10. Herbert Butterfield, *Christianity and History* (Charles Scribners's Son, 1950), 95.

있지만 부분적으로 인간의 의지가 행사될 수 있고, 인간의 역사는 인간의 죄와 자유의지의 오용 때문에 항상 선과 정의, 혹은 도덕과 조화되지 못한다. 그런데 우리는 우리의 자유의지가 작용한 역사를 하나님의 필연적인 섭리로 보고 하나님에 대해 의문을 갖게 된다는 것이다.

또 버터필드는 하나님의 주권적인 섭리 가운데 있는 역사에서 인간의 위치란 지극히 제한된 한 영역에 지나지 않아서, 우리 인간이 하나님의 섭리를 완전하게 헤아리지는 못한다는 점을 지적한다.

> 우리는 이 인간의 역사를 최초로 연주하는 한 편의 관현악 곡과 같다고 할 수 있다. 우리는 우리 각자가 마치 그 곡의 작곡자처럼 행동할 수 있을 것이라고 가정한다. 혹은 자신의 특수한 역할을 지도적인 것으로 연주하려고 노력할 수 있을 것이다. 그러나 실제로는 나 개인으로서는 제2 클라리넷의 한 부분만을 볼 수 있을 따름이며, 지금 내 앞에 펼쳐져 있는 악보의 그 다음 페이지에 무엇이 나올지조차도 알 수 없는 한계 속에 있는 것이다. 우리 중 그 누구도 우리가 이미 함께 연주했던 부분 이외의 것을 알 수 없다.[11]

하나님께서 인간의 삶을 지배하고 섭리하신다는 아우구스티누스의 주장이 옳지만, 이 주장은 인간의 역할에 대해 견해를 달리하는 이

---

11. Herbert Butterfield, 94.

들로부터는 신랄한 비평을 받았다. 즉 아우구스티누스가 인간을 하나님의 형상으로 지어진 '자유로운 개인들free individuals'로 이해하지 않고 인간을 꼭두각시로 만들었다는 것이다. 심지어 아우구스티누스가 인간에게서 선택권을 박탈함으로써 인간 자신의 행위에 대한 책임도 해제했다고 주장한다. 결국 아우구스티누스가 인류 역사가 시작된 이래의 모든 부정의와 비참의 책임을 하나님께 전가하는 결과를 가져왔다는 비판이다.[12]

물론 버터필드의 입장도 성경의 가르침과 조화되지 않는다는 비판으로부터 자유로울 수는 없다. 인간의 의지가 하나님의 뜻을 거역할 수 있다는 주장은 하나님의 장엄하신 권위와 전능하심을 제한할 위험이 있고, 어떤 사건은 하나님께서 통치하시고 어떤 것은 인간으로 말미암아 변개되도록 내버려 두신다는 말은 합당치 않다는 비판이다.[13]

하나님의 주권과 인간의 자유의지와의 관계에 대해서는 쉽게 해결될 수 없는 이견들이 항상 있어 왔다. 이 문제에 대한 대표적인 토론이 루터와 에라스무스의 논쟁이었다. 이 논쟁은 오늘 우리에게도 의미가 있다.

에라스무스는 예정론은 성경의 가르침도 아니고 사실事實, 곧 진실로 있었던 일도 아니라고 주장하면서, 인간이 태어나기 전에 어떤 사람에게는 구원이, 어떤 사람에게는 저주가 예정되어 있다면 하나님

---

12. Swanstrom, 124.
13. Swanstrom, 126.

은 폭군이라고 주장했다. 루터는 이러한 에라스무스에 대해 "하나님을 심판하는 당신은 도대체 누구냐?"라고 묻고, "하나님께서 하나님이 되시게 하라"라고 했다. 그러자 에라스무스는 루터에게 "하나님께서 선하신 분이 되시게 하라"라고 응수하면서, "당신은 어떻게 하나님께서 그렇게 하셨는지 아는가?"라고 물었다. 그러자 루터는 성경에서 하나님께서 바로의 마음을 강팍케 하셨던 사실을 들어 설명했다.

이에 에라스무스는 "하나님께서는 바로의 마음이 얼마나 완악한지 보여 줄 수 있는 기회를 주셨을 뿐"이라고 했다. 그러자 루터는 "하나님께서 그들이 태어나기 전에 '나는 야곱을 사랑하고 에서를 미워한다'고 말씀하지 않으셨는가?"라고 반문했다. 이에 에라스무스는 "그것은 하나님께서 그들에게 어떤 결과가 나타날지 아셨기 때문이지, 어떻게 그렇게 말씀하실 수 있겠는가?"라고 반문했다.[14] 에라스무스에게 하나님의 예정과 섭리는 인간의 의지를 배제한 절대적인 역사의 동인動因일 수 없었다.

역사 안에서 하나님의 주권과 인간의 의지가 어떤 관계이며 어떤 역할을 하는가 하는 문제는 단순하지 않다. 기독교인에게 이 문제는 단순히 하나님의 역사 개입 여부를 따지는 것이 아니다. 기독교인은 인간의 삶과 역사에 대한 하나님의 개입을 분명한 사실로 믿는 사람이기 때문이다. 그러므로 문제는 하나님의 개입이 어떤 성격을 띠고 있으며, 인간의 자유의지가 하나님의 계획이나 목적을 무효화할 수

---

14. 베인튼, 73-74.

있느냐는 것이다.

　이 점에 대한 대답 역시 성경에서 찾을 수 있다. 하나님께서는 인간을 하나님의 형상으로 지으셨고창1:27, 비인격적인 기계나 꼭두각시로 만들지 않으셨다. 이는 인간이 자유의지로 하나님을 섬기도록 계획하신 것이다. 인간은 자유의지로 하나님을 섬기거나, 반대로 그 자유의지를 오용하여 하나님을 거역하는 자유의지를 행사해 왔다.

　이렇게 하나님의 섭리적 계획과 인간의 자유의지가 동시에 작용한 대표적인 경우가 십자가 사건이다. 베드로는 이 점을 분명하게 설명했다. 십자가 사건은 "하나님께서 정하신 뜻과 미리 아신 대로"행2:23, "하나님의 권능과 뜻대로 이루려고 예정하신"행4:27 일인 동시에, 인간이 "하나님께서 기름 부으신 거룩한 종 예수를 거슬러"행4:28 행하는 일이었다. 하나님의 구원의 섭리와 인간의 의지가 동시에 행사된 것이다. 우리의 논리로는 이해할 수 없으나, 하나님께서 인간의 모든 것을 간섭하시고 섭리하시지만 동시에 인간의 의지가 행사된다.

역사를 움직이시는 하나님의 손길

　하나님께서 역사 속에 개입하시는가 아니면 개입하지 않으시는가에 대하여 역사 그 자체는 아무런 해답을 주지 못한다. 사건 자체는 그것이 하나님의 섭리의 결과인지 아닌지를 보여 주지 못한다. 우리가 기미년의 만세운동을 아무리 깊이 연구해도 그 역사적 사건 자체가 하나님께서 예정하신 섭리적 사건인지 아닌지는 보여 주지 않는다. 하나님께서 그 사건에 참여한 사람들의 행동을 주관하셨다고 본다고

해도 그것은 역사적 연구를 통해서는 인식될 수 없는 종교적 신념일 뿐이다.[15]

예를 들면, 가톨릭 신앙을 버리고 개신교로 돌아선 영국을 공격하기 위해 1588년 7월 말에 '아르마다Armada', 곧 '무적함대'라 불리던 스페인 함대가 도버해협을 건넌 일이 있었다. 이때 만일 영국이 패했다면 영국은 다시 로마 가톨릭 국가가 되지 않을 수 없었을 것이다. 그러나 그때 기상 이변이 일어났다. 갑자기 불어 온 폭풍으로 스페인 함대가 패하고 영국이 승리를 거두었다. 이 사건에 대해 우리는 두 가지 질문을 할 수 있다. 첫째, 이 사건은 사실事實인가? 둘째, 이 사건이 하나님께서 인간의 역사 속에 개입하시고 간섭하신다는 점을 보여주는가?

첫 번째 질문의 답은 이 사건에 대한 역사 연구를 통해 밝혀낼 수 있고, 그 결과는 기독교인 역사가이든 아니든 상관없이 동일할 것이다. 그러나 두 번째 질문에 대해서는 역사가의 신념에 따라 답이 다를 수밖에 없다. 1588년에 발생한 이 사건 자체가 하나님의 개입 여부를 말하고 있지 않기 때문이다. 이 전쟁에서 갑작스러운 폭풍이 발생했다는 사실은 분명하지만, 그 바람을 하나님께서 보내셨는가 아닌가에 대해서는 역사 자체가 증언하지 않는다. 오직 종교적 신념에 따라 달리 해석될 수 있을 뿐이다.

폭풍이 일어난 것이 하나님께서 하신 일이라는 역사적 증거는 없

---

15. Swanstrom, 127.

지만, 하나님께서 하신 일이 아니라는 증거도 없다. 그래서 하나님께서 역사에 개입하시고 간섭하셨다는 믿음은 종교적 신념으로서 가능하다.[16]

기독교 신자들은 성경의 가르침을 따라 하나님께서 인간의 삶과 역사를 주관하신다고 믿는 신앙의 기초 위에서, 이 사건도 하나님께서 절대적으로 간섭하신 일이라고 믿는다. 그래서 기독교인 역사가들은 그 폭풍을 '개신교의 바람The Wind of Protestantism'이라고 불렀다.

성경이 가르치는 분명한 사실은 하나님께서 인간의 삶의 모든 영역에서 과거에나 현재나 미래에도 변함없이 역사하시고 간섭하신다는 사실이다. 특히 로마서 8장 28절은 이 점을 분명하게 가르치고 있다. "우리가 알거니와 하나님을 사랑하는 자 곧 그의 뜻대로 부르심을 입은 자들에게는 모든 것이 합력하여 선을 이루느니라." 여기서 "우리가 알거니와"라는 말은 하나님의 섭리적 돌보심에 대해 이미 알고 있다는 의미이며, "모든 것"은 존 스토트John Stott에 따르면 "이루느니라"의 대격對格이 아니라 처격處格으로 보아야 한다.[17]

즉 하나님께서 선을 위해서 '모든 것을' 하신다는 의미가 아니라, '모든 일에서' 하나님께서 선을 위해 일하신다는 의미라는 것이다. 다시 말하면 하나님의 자녀들이 하는 모든 일들이 하나님의 손 안에서 선을 위해 사용된다는 사실이다.

---

16. Swanstrom, 128.
17. 존 스토트, 『로마서 강해』(정옥배 역, IVP, 1996), 323.

바울의 "우리가 알거니와"라는 말은 그 뜻하는 바를 풀어 보면 중요한 세 가지 사실을 지적하고 있다. 첫째, 하나님께서는 우리의 삶 속에서 하나님의 일을 이루신다는 의미이고, 둘째, 하나님께서 자기 백성들이 선을 이루도록 역사하신다는 뜻이다. 하나님의 모든 역사는 그분의 선하심의 표현이다. 셋째, 하나님을 사랑하는 자들을 위해 선을 이루신다는 뜻이다.[18]

이 본문은 로마서에서 우리의 지친 머리를 쉬게 해 주는 베개에 비유되어 왔다.

하나님의 마스크

이제 이 장 서두에서 제기한 질문에 대답할 때가 되었다. 하나님께서 지금도 인간의 삶 속에서 순간순간 역사하신다면, 그분께서 섭리하시는 역사의 현장에서 왜 의로운 사람이 고통을 당하며, 불의와 악이 난무하며, 의로운 외침이 꺾이고, 사나운 폭력이 일으키는 참혹한 사건들이 줄을 잇는가? 앞에서 이야기했듯이 우리는 역사 가운데서 하나님께서 하시는 일들을 분명히 알 수는 없다. 그것이 후일 어떤 의미를 가질지도 알지 못한다. 지금도 인간 세상에서 벌어지는 이러한 일들의 까닭을 우리가 전부 알 수 없지만, 루터는 여기에는 '하나님의 숨은 뜻'이 있다고 보았다. 그는 이 숨은 뜻을 '하나님의 마스크'라고 불렀다.

---

18. 존 스토트, 323-324.

버터필드가 비유했듯이 지금 우리는 우리가 연주하는 그 한 부분만 알 수 있을 뿐, 그 다음 장의 곡을 알지 못한다. 지금 우리는 우리의 눈앞에서 전개되는 일만을 보고 알 수 있을 뿐이지 하나님의 궁극적 섭리를 헤아리지 못한다. 또 우리는 우리 나름의 판단에 근거하여의와 도덕과 정의를 추구하기도 한다. 요셉이 형들로 말미암아 팔려 갔던 일은 불의한 일이었고, 요셉 자신에게는 고통이었다. 요셉도 팔려 가는 순간에는 그 현실만을 보았지, 그 일을 통해 하나님께서 행하시고자 하시는 궁극적 목표를 헤아리지는 못했다. 우리는 하나님께서 일하시는 역사의 지극히 한 부분만을 보고 있다. 오늘 우리에게 필요한 것은 역사에 대한 단견短見이 아니라, 긴 역사를 헤아리는 긴 안목, 곧 '장견長見'이다.

분명한 점은 하나님께서 모든 것에서 우리의 '궁극적 선'을 이루신다는 사실이다. 요셉이 죄 없이 고통을 당했으나 그 의미를 깨닫기까지는 인내의 날들이 필요했다. 하나님께서는 요셉의 생애를 통해서도 그분 백성을 위한 궁극적 선을 이루셨다. 우리에게는 오늘의 현실에 준거한 기준이 아니라, 궁극적 선을 이루시는 하나님의 섭리를 헤아리는 멀리 보는 안목이 필요하다. 그 멀리 보는 안목 없이는 이해할 수 없는 그 일들을 통해서 궁극적 선을 이루시는 하나님에 대한 신뢰, 곧 '하나님의 큰일Magnalia Dei'에 대한 기대다.

예레미야는 예루살렘이 비극적으로 멸망을 당하고 바벨론으로 포로로 잡혀간 후 하나님의 이름으로 유대인들에게 편지를 썼다. "여호와의 말씀이니라. 너희를 향한 나의 생각을 내가 아나니 평안이요 재앙이 아니니라 너희에게 미래와 희망을 주는 것이니라."렘29:11 이 말은 장래의 궁극적인 섭리를 가리키지만, 그럼에도 이 일이 현재는 아픔이자 고통이며 재앙인 것을 부인하지 않고 있다. 인간의 시점時點에서는 재앙일 수 있으나 하나님의 시간에서는 평안을 위한 시작이었다.

하나님께서는 말씀을 통해서per verbum 무無에서ex nihilo 이 세상을 창조하셨으며, 창조된 세계에 주권을 행사하시며 세계를 유지하신다. 우주의 수많은 별들과 자연계의 미미한 현상들, 그리고 복잡한 인간의 삶이 다 그분의 다스림 아래에 있다. 하나님께서 역사를 주관하지 않으시는 것처럼 보이는 것은 역사를 보는 안목이 짧기 때문이다. 그래서 우리는 쉬이 낙담하기도 하고 절망하기도 한다. 우리의 시각으로 볼 때는 절망적일 수밖에 없다. 오늘의 우리의 고난과 불의한 사회에 대한 하나님의 침묵이 너무 길다고 생각하기도 한다. 그러나 그것은 '때'에 대한 우리의 개념일 뿐이다. 하나님께서는 궁극적으로 우리의 역사를 그분의 거룩한 뜻 안에서 이루어 가실 것이다. 우리에게는 역사를 긴 안목으로 읽고, 오늘의 역사를 원근법적으로perspectively 헤아릴 수 있어야 한다.

우리 기독교인들은 그리스도께서 재림하시고 영광스러운 하나님의 나라가 이루어질 것이라는 믿음을 갖고 있다. 그런데 이 미래적인 신념은 우리의 시야를 미래의 사건에만 집착하게 하여 지금 오늘 이 시간에도 역사하시고 일하시는 하나님의 다스림을 경시하거나 망각케 할 위험이 있다. 하나님의 영원한 구원 계획은 미래적인 것이 아니라 현재적이기도 하며, 지금 이 순간에도 인간의 역사 속에서 실행되고 있다. 이 점을 허버트 버터필드는 적절하게 말했다. "역사는 단지 그 종착지에 도착하는 것만을 목적으로 하는 그런 기차와 같은 것이 아니다History is not like a train, the sole purpose of which is to get to its destination."[19]

도리어 역사는 대규모 관현악단이 연주하는 교향악交響樂과도 같은 것이다. 한 곡에서 지금 연주되고 있는 부분은 그 곡의 마지막 순간을 위한 준비에 불과한 것이 아니다. 모든 연주자가 연주하는 모든 부분이 순간순간마다 아름다움을 선사한다. 우리가 인식하던 인식하지 못하던 하나님께서 바로 지금 여기서 일하고 계시고, 우리의 모든 날들은 오직 주의 선하신 손안에 있다.

2. 개혁주의적 삶

이 책 서두에서부터 개혁주의가 무엇인가를 신학적으로 그리고 역사적으로 살펴보았다. 개혁주의가 다른 신학체계와 어떻게 다른가를 사제주의, 루터주의, 그리고 아르미니우스주의와 비교하면서 설명했고, 또 16세기 종교개혁과 그 이후의 개혁주의의 역사를 설명하면서 칼빈의 활동과 기여에 대해서도 언급했다. 특히 개혁주의 신앙을 보여 주는 신앙고백서들이 어떤 역사적 배경에서 작성되었는가를 설명

---

19. Butterfild, 67.

하고 그 내용에 대해서도 자세히 설명했다. 이상을 통해 종교개혁과 개혁주의, 그리고 개혁교회와 개혁신앙이 무엇인가를 어느 정도 이해하게 되었을 것이다. 이제 우리에게는 한 가지 문제가 남아 있다.

삶을 위한 사상

개혁주의는 딱딱한 이념이거나 무미건조한 학문 체계일 뿐인가? 그렇지 않다. 우리가 유의해야 할 사실은 개혁주의가 단순히 교리나 이론이 아니라, 포괄적인 '삶의 체계'라는 사실이다. 삶이 뒷받침되지 않는 이론이나 사상은 공허하다. 기독교 신앙은 공허한 사상이나 이론이 아니다. 특히 개혁주의자들에게 신학은 단순한 이론이 아니라, 구원받는 그리스도인들의 실제 삶을 위한 가르침이다.

바로 앞에서 하나님의 주권과 섭리의 문제를 구체적으로 우리의 역사 현실에서 어떻게 이해해야 할 것인가에 대해서 설명했다. 우리가 하나님의 주권을 믿는다고 말해도 그 믿음이 우리 일상의 삶을 통해 구체화되지 않으면 무의미하다. 우리가 삼위일체 하나님, 구속자 예수 그리스도를 믿는다고 할 때, 그 믿음은 우리의 삶을 통해 드러날 때 비로소 진실함을 증명한다. 그러한 삶을 '신앙고백적인 삶'이라고 말한다. 믿음이 구체적인 삶을 통해 드러나지 않으면 그 믿음의 고백이 아무리 체계적이어도 인간의 삶에 의미를 주지 못하는 공허한 지식에 불과할 것이다. 이런 점에서 칼빈은 "신학은 사변이 아니라 실천 Theologia est ptactica, non speculativa"이라고 했고, 그에게 개혁신학은

학문 이론이라기보다는 개혁된 삶의 실천이었다.[20]

신학의 목표는 사람들의 영혼을 구원하며, 인간의 삶과 환경을 변화시키며, 이로써 궁극적으로 하나님을 영화롭게 하는 것이다. 이것이 개혁주의자들이 추구하는 궁극적인 가치이다. 따라서 개혁주의를 고백하는 우리는 동시에 개혁주의적인 삶을 추구해야 한다. 다시 말하면 우리의 신앙은 구체적인 삶의 영역에서 구체화되어야 한다. 칼빈은 어떤 신학의 건실성 여부는 그 신학이 인간의 삶을 얼마나 변화시킬 수 있는가 하는 '교화教化 능력'에 달려 있다고 보았다.[21] 개혁주의는 교회의 덕성 함양을 위해 고안된 실천적인 학문이다. 그래서 개혁주의자들은 그리스도인이 하나님의 다스림 아래 살아간다는 사실과 하나님 앞에서Coram Deo 사는 삶의 방식을 강조해 왔다. 이런 점에서 개혁주의 신학자 아치볼드 알렉산더Archibold Alexander는 개혁주의 신학은 개혁주의적인 인격을 요구한다고 말했다.

성경과 삶

그리스도인의 신앙과 삶의 유일한 표준은 성경이다. "주의 말씀은 내 발에 등이요 내 길에 빛이니이다."시119:105 성경은 교훈과 책망과 바르게 함과 의로 교육하기에 유익하다딤후3:16. 성경은 모든 학문의 원천이며 규범이기도 하다. 이 계시의 말씀을 설명하고 모든 삶에 적

---

20. John H. Leith, *John Calvin's Doctrine of the Christian Life* (John Knox Press, 1989), 15, 19, 24, 26.
21. John H. Leith, 15, 19, 24, 26.

용시키는 것은 그리스도인의 의무이다.

우리 삶의 모든 영역은 우리의 신앙과 무관할 수 없고시36:9, 우리의 신앙은 삶의 모든 현장에 의미와 영향을 줄 수 있어야 한다. 개혁주의는 하나의 세계관이다. 따라서 신앙과 생활, 신앙과 학문, 신앙과 결혼, 신앙과 직장생활이 무관할 수 없는 '삶의 전체성The totality of life'을 담고 있다. 그래서 우리는 말씀을 포괄적인 표준으로 하는 일원론적이며 일관성이 있는 삶, 곧 신앙고백적 삶을 추구해야 한다.

하나님의 영광을 위하여

칼빈의 신학 전체는 인간의 삶의 전 영역과 밀접하게 관련되어 있으며 그 모든 것은 '기독교적 삶'이 무엇인가를 해명하는 데 초점이 맞추어져 있다. 칼빈은 도덕적 사회 규범이나 행동 양식보다 '기독교적 삶'을 더 중요한 것으로 간주했다.[22] 왜냐하면 칼빈의 신학이 자연법의 요구나 전통적 사회 윤리가 아니라 창조주 하나님과 구속자 예수 그리스도에 대한 믿음에 근거하기 때문이다. 칼빈이 '기독교강요'를 집필한 것도 경건생활에 도움이 되는 지침을 제공하기 위한 것이었다.

결국 그리스도인은 이 땅의 삶 속에서도 하나님의 백성으로 살아가며, 하나님의 주권이 행사되도록 해야 한다. 그래서 앞서 말한 바와 같이 그리스도인들은 이 세상에 녹아들어conform 살면서도 이 세상을

---

22. CR 51: 128-9; Leith 24-5.

변화시키는transform 문화적 소명을 지니고 있다. 이 모든 일을 통해서 그리스도인은 하나님께 영광을 돌려야 한다. 칼빈에게는 '하나님께만 영광sola gloria Dei'이 인간의 삶의 궁극적 목표였다. 이것은 그가 자신의 삶과 목회와 신학 전부를 통해 일관되게 추구했던 가치였다. 이 점에 대하여 칼빈은 '기독교강요'에서 이렇게 썼다.

> 우리는 구별된 자로서 하나님께 드려졌으므로 그러므로 이제부터 우리는 하나님의 영광을 위한 것이 아니면 생각하거나 말하지도 말고, 계획하거나 행하지도 말아야 한다. …… 우리가 우리 것이 아니라고전6:19 주의 것이라면, 무엇을 삼가야 하고 우리 삶이 어떤 방향으로 나아가야 하며 무엇을 목표로 해야 하는지가 너무도 분명해진다. …… 우리는 하나님의 것이다. 그러므로 우리는 하나님을 유일한 목적으로 삼고 우리 삶의 모든 영역에서 그분을 향하여 나아가도록 최선을 다해야 한다.[23]

칼빈이 말하는 인생의 목적을 '웨스트민스터 소신앙문답'에서는 "하나님을 영화롭게 하고 영원히 그를 즐거워하는 것to glorify god and to enjoy him forever"이라고 말하고 있다. 신자의 삶의 궁극적 목표는 하나님의 영광을 드러내는 삶이며, 이것이 개혁주의의 목표라고 할 수 있다.

---

23. 존 칼빈, 『기독교강요』, III, 7. 1.

정리하면, 개혁주의자의 삶은 근본적으로 하나님 앞에서Coram Deo 의 삶이며, 궁극적으로 '하나님께만 영광을 돌리는Soli Deo Gloria' 삶이 다. 즉 우리는 '지체 없이 우리의 진심을 주님께 드리며Cor Meum Tibi Offer Domine, Prompte et Sincere' 성경에 계시된 그분의 선하신 뜻을 따 라 살아야 한다. 이것이 구원받은 성도의 삶의 방식이다.

이런 삶의 방식은 세 가지 관계성, 곧 변화된 하나님과의 관계對神 關係를 통해, 이웃과의 관계對人關係를 쇄신하고, 이를 바탕으로 물질의 사용과 창조세계에 대한 새로운 이해, 자원의 보존과 시간의 선용 등 대물관계對物關係에 대해서도 변화된 가치관으로 살아가는 것이다. 개 혁주의적 신앙인격, 곧 기독교적 덕성德性의 함양이야말로 개혁주의 를 추구하는 오늘 우리들의 공동체에 대한 가장 긴요한 요청이다.

주요 참고문헌

간하배, 『현대신학의 이해』, 개혁주의 신행협회, 1973.

김광채, 『근현대교회사』, CLC, 1990.

김영재, 『교회와 신앙고백』, 성광문화사, 1989.

빌헬름 니젤, 『칼빈의 신학』, 이종성 역, 대한기독교서회, 1979.

위르겐 몰트만, 『십자가에 달리신 하나님』, 김균진 역, 한국신학연구소, 1979.

헨리 미터, 『칼빈주의 기본원리』, 신복윤 역, 성광문화사, 1990.

박용규, 『복음주의 운동』, 두란노, 1998.

로랜드 H. 베인튼, 『역사와 희망』, 김상신 역, 대한기독교서회, 1980.

존 스토트, 『로마서 강해』, 정옥배 역, IVP, 1996.

루이스 스피츠, 『종교개혁사』, 서영일 역, 기독교문서선교회, 1983.

B. 워필드, 『구원의 계획』, 모수환 역, 크리스챤다이제스트, 1991.

이상규, 『교회개혁사』, 성광문화사, 2002.

_____ 「기독교적 역사이해」, 『통합연구』 23 (1994. 8).

이승구, 『21세기 개혁신학의 방향』, SFC, 2005.

R. T. 존스, 『기독교 개혁사』, 나침반, 1990.

캄파위스, 『개혁그리스도인과 신앙고백의 특성』, 성약, 2005.

Bainton, R. *The Age of the Reformation*, Van Nostrand Reinhold Company, 1956.

_____ *Here I Stand*, Avingdon, 1996.

Bratt, J. *The Rise and Development of Calvinism*, Eerdmans, 1959.

Butterfield, H. *Christianity and History*, Charles Scribners's Son, 1950.

Calvin, J. *Letters of John Calvin*, The Banner of Truth Trust, 1980.

Estep, W. *Renaissance and Reformation*, Eerdmans, 1989.

Graham, W. F. *The Constructive Revolutionary: John Calvin and His Socio-Economic Impact*, John Knox, 1971.

Greef, W. de. *The Writings of John Calvin*, Baker, 1993.

Grimn, H. *The Reformation Era, 1500-1650*, Macmillan, 1965.

Holl, K. "Johaness Calvin," 1909, in *Gesammelte Aufsätze* 3, Tübingen: 1928.

Klooster, F. "The Uniqueness of Reformed Theology," *Calvin Theological Journal*, 14/1 (April, 1979).

Lang, A. *Johannes Calvin*, Leipzig: Verein fur Reformationsgeschichte, 1909.

Leith, J. *John Calvin's Doctrine of the Christian Life*, John Knox Press, 1989.

Marsden, G. *Fundamentalism and American Culture: The Shaping of the Twentieth-Century Evangelicalism 1870-1925*, Oxford Univ. Press, 1980.

Marsde G. ed. *Evangelicalism and Modern America*, Eerdmans, 1984.

McNeil, J. T. *The History and Character of Calvinism*, Oxford

Univ. Press, 1973.

Monter, W. *Studies in Genevan Government, 1536-1605*, Geneva: Droz, 1964.

Outler, A. C. ed. *Augustine: Confessions and Enchiridion*, Westminster Press, 1960.

Schaff, P. *Creeds of Christendom*, Vol. III, Harper and Brothers, 1877.

_____ *History of the Christian Church*, VIII, Eerdmans, 1910.

Van der Stelt, J. C. "Theological Education in the 16th Century Reformers and Subsequent Reformed Tradition," 『한상동 목사와 신학교육』, 고신대학교, 2000.

Swanstrom, R. *History in the Making*, Downers Grove: IVP, 1978.

Warfield, B. *Calvin as a Theologian and Calvinism Today*, Presbyterian Board of Publication, 1909.

Weber, M. "Die protestantische Ethik unt der Geist des Kapitalismus," *Archiv für Sozialwissenschaft und Sozialpolitik,* 1904/5.

Wendel, F. *Calvin: The Origin and Development of His Religious Thought*, Harper & Row, 1963.

Wiesel, E. *Night*, New york: Hill&Wang, 1969.